MARCO ⊕ POLO
DISNEYLAND ®
PARIS
Reiseführer mit Insider-Tips

Drei Symbole sollen Ihnen
die Orientierung in diesem Führer erleichtern:

für Marco Polo Tips – die besten in jeder Kategorie

für alle Objekte, bei denen Sie auch eine schöne Aussicht haben

für alle Objekte, die besonders für Kinder geeignet sind

Diesen Führer schrieb Odile Perrard.
Sie war Mitarbeiterin der französischen Wochenzeitung L'Express
und hat zwei Romane veröffentlicht.
Die Marco Polo Reihe wird herausgegeben von Ferdinand Ranft.

MAIRS GEOGRAPHISCHER VERLAG

MARCO ✦ POLO

Für Ihre nächste Reise gibt es folgende Titel dieser Reihe:

Ägypten • Alaska • Algarve • Allgäu • Amrum/Föhr • Amsterdam • Andalusien • Antarktis • Argentinien/Buenos Aires • Athen • Australien • Bahamas • Bali/Lombok • Baltikum • Bangkok • Barcelona • Bayerischer Wald • Berlin • Berner Oberland • Bodensee • Bornholm • Brasilien/Rio • Bretagne • Brüssel • Budapest • Bulgarien • Burgenland • Burgund • Capri • Chiemgau/Berchtesgaden • China • Costa Brava • Costa del Sol/Granada • Costa Rica • Côte d'Azur • Dänemark • Disneyland Paris • Dolomiten • Dominik. Republik • Dresden • Dubai/Emirate/Oman • Düsseldorf • Eifel • Elba • England • Elsaß • Erzgebirge/Vogtland • Feuerland/Patagonien • Finnland • Flandern • Florenz • Florida • Franken • Frankfurt • Frankreich • Frz. Atlantikküste • Fuerteventura • Galicien/Nordwest-Spanien • Gardasee • Gran Canaria • Griechenland • Griech. Inseln/Ägäis • Hamburg • Harz • Hawaii • Heidelberg • Holland • Hongkong • Ibiza/Formentera • Indien • Ionische Inseln • Irland • Ischia • Island • Israel • Istanbul • Istrien • Italien • Italien Nord • Italien Süd • Ital. Adria • Ital. Riviera • Jamaica • Japan • Java/Sumatra • Jemen • Jerusalem • Jordanien • Kalifornien • Kanada • Kanada Ost • Kanada West • Karibik: Große Antillen • Karibik: Kleine Antillen • Kärnten • Kenia • Köln • Kopenhagen • Korsika • Kreta • Krim/Schwarzmeerküste • Kuba • Lanzarote • La Palma • Leipzig • Libanon • Lissabon • Lofoten • Loire-Tal • London • Luxemburg • Madagaskar • Madeira • Madrid • Mailand/Lombardei • Malediven • Mallorca • Malta • Mark Brandenburg • Marokko • Masurische Seen • Mauritius • Mecklenburger Seenplatte • Menorca • Mexiko • Mosel • Moskau • München • Namibia • Nepal • Neuseeland • New York • Normandie • Norwegen • Oberbayern • Oberital. Seen • Oberschwaben • Österreich • Ostfries. Inseln • Ostseeküste: Mecklbg.-Vorp. • Ostseeküste: Schlesw.-Holst. • Paris • Peking • Peloponnes • Pfalz • Polen • Portugal • Potsdam • Prag • Provence • Rhodos • Rom • Rügen • Rumänien • Rußland • Salzburg/Salzkammergut • San Francisco • Sardinien • Schottland • Schwarzwald • Schweden • Schweiz • Seychellen • Singapur • Sizilien • Slowakei • Spanien • Spreewald/Lausitz • Sri Lanka • Steiermark • St. Petersburg • Südafrika • Südamerika • Südengland • Südkorea • Südsee • Südtirol • Sylt • Syrien • Taiwan • Teneriffa • Tessin • Thailand • Thüringen • Tirol • Tokio • Toskana • Tschechien • Tunesien • Türkei • Türk. Mittelmeerküste • Umbrien • Ungarn • USA • USA: Neuengland • USA Ost • USA Südstaaten • USA West • Usedom • Venedig • Vietnam • Wales • Die Wartburg/Eisenach und Umgebung • Weimar • Wien • Zürich • Zypern • Die 30 tollsten Ziele in Europa • Die tollsten Hotels in Deutschland • Die tollsten Restaurants in Deutschland •

Die Marco Polo Redaktion freut sich, wenn Sie ihr schreiben:
Marco Polo Redaktion, Mairs Geographischer Verlag
Postfach 31 51, D-73751 Ostfildern

Unsere Autoren haben nach bestem Wissen recherchiert. Trotzdem schleichen sich manchmal Fehler ein, für die der Verlag keine Haftung übernehmen kann.

Übersetzung: Julica Jungehülsing
Titelbild und Fotos innen: © The Walt Disney Company, S. 73 © Disney/Lucas Film Ltd.
Die Figuren und Attraktionen sind Eigentum der Walt Disney Company.
Disneyland® Paris ist als Warenzeichen geschützt.
Alle Rechte vorbehalten.

3., aktualisierte Auflage 1996
© Mairs Geographischer Verlag, Ostfildern/Hachette, Paris
Lektorat: Nikolai Michaelis
Gestaltung: Thienhaus/Wippermann (Büro Hamburg)
Kartographie: © Hachette Guides de Voyage
Sprachführer: in Zusammenarbeit mit Ernst Klett Verlag für Wissen und Bildung GmbH,
Redaktion PONS Wörterbücher

Printed in Germany
Gedruckt auf 100% chlorfreiem Papier

INHALT

Entdecken Sie das Disneyland Paris!

Ein echter amerikanischer Vergnügungspark, aber auch ein echtes europäisches Urlaubsparadies

Disneyland Paris? Wie soll man sich das vorstellen können, wenn man noch nie dort war — diesen riesigen Freizeitkomplex, in dem rund um einen amerikanischen Vergnügungspark Hotels und Restaurants liegen, Geschäfte, eine Diskothek, Schwimmbäder, eine Eislaufbahn, eine Western-Freilichtbühne, ein großer Golfplatz, Bungalows und und und?

Man muß schon zugeben: Disneyland Paris ist wirklich mit nichts vergleichbar, was man in Europa kennt. Es ist ein Stück Amerika, vollgestopft mit Träumen und Utopien, das man einige Kilometer vor Paris in die Champagne (Region Brie) gepflanzt hat. Eine Art Jahrmarkt, gesteuert von Elektroingenieuren; ein grandioses Spektakel, entwickelt von größenwahnsinnigen Zauberkünstlern, das auf einer Fläche von 600 Hektar täglich neu zelebriert wird. All das in den Kulissen eines Zeichentrickfilms — von Trugbildspezialisten in Lebensgröße entwor-

Dornröschens Schloß

fen. Und es hat auch etwas von der »Biosphere 2« (jener gigantischen Käseglocke, die mitten in die Wüste von Arizona gesetzt wurde und in der acht Wissenschaftler versuchten, in einer von der Außenwelt abgeschlossenen Sphäre zu überleben) — nur glücklicherweise in einer etwas spielerischeren Form. Disneyland Paris ist auf jeden Fall ein erstaunliches kleines Land, in dem sich Phantasie und Präzisionstechnologie vereinen, Zauberei mit ökonomischer Rentabilität harmoniert, die Magie mit vorgeschriebenem Lächeln (im Stil amerikanischer Wahlkampftourneen), Popcorn und Hollywood-Luxus zugleich existieren, futuristische Attraktionen und Prinzessinnen in der Kutsche, mittelalterliche Legenden neben der Weltraumeroberung; wo die Nostalgie des Goldrausches ihren Platz neben überzeugtem Puritanismus hat, neben Gespenstern und French-Cancan-Tänzerinnen, fliegenden Elefanten und Besuchern in geblümten Bermudashorts . . .

Ein wahrhaft ulkiges Königreich! Junge Leute laufen als

Bankräuber frei durch eine große Straße, die wie eine Kinokulisse aussieht. Falsche Berge, die in Wirklichkeit aus Beton sind, wurden aus einem Guß in die Brie-Region gesetzt, die diese vielleicht gar nicht so sehr vermißt hatte. Ein Hotel spielt den viktorianischen Palast, ein anderes läßt sich als neu-mexikanisches Pueblo erobern oder hält sich für einen New Yorker Wolkenkratzer. Mammutbäume von der anderen Seite des Atlantiks recken ihre (künftig) riesigen Äste in den Himmel über der Ile-de-France. Geysire sprudeln zu genau festgelegten Zeiten, während eine kleine Dampflok im Stil des 19. Jhs. 365 Tage im Jahr ihre Runden dreht, eine Bisonherde sich von einem Buffalo-Bill-Imitator verfolgen läßt und Reproduktionen von Raddampfern durch das desinfizierte Wasser eines künstlichen Flusses gleiten. Eine fliegende Untertasse landet in der Nähe von Santa Fe, deutsche Touristen essen unter dem Sternenhimmel eines Restaurants, in dem immer Nacht ist, verwegene Piraten erobern ein spanisches Fort, Schneewittchen begegnet ein paar angeheiterten Cowboys, Michael Jackson beglückt eine schwermütige Königin, und ein verrückter Roboter entführt die Passagiere seines Raumschiffs auf eine kleine, schwindelerregende Spritztour, während Mary Poppins einen großen Bären trifft, den alle Kinder Pu rufen.

Auf welchem Planeten sind wir denn da gelandet? Natürlich auf dem imaginären Planeten von Walt Disney – diesem 1901 geborenen kleinen Jungen, der seine Kindheit im hintersten Winkel von Missouri verbrachte und eines Tages nach Hollywood kam, um die Welt nach seiner Vorstellung neu zu erschaffen. Der Prinz dieses tolldreisten Königreichs ist eine unsterbliche Maus namens Micky.

Und so hat alles begonnen: »Samstag war der Tag, den ich immer für meine beiden Töchter reservierte«, hat Walt Disney einmal erzählt. »Wir gingen zu verschiedenen Plätzen und unternahmen viele Dinge; ich nahm sie mit zu den Karussells. Und da, als ich Erdnüsse knabbernd auf einer Bank saß und zusah, wie die beiden Karussell fuhren, habe ich mir gesagt, man müßte einen Ort schaffen, an dem Kinder und Eltern sich gemeinsam amüsieren können.« Die Episode spielt am Ende der dreißiger Jahre. In jener Zeit waren die Vergnügungsparks in den Vereinigten Staaten fast immer dreckig, schlecht organisiert, recht armselig und meist schlecht besucht. Es waren große Kirmesgelände, auf denen Karussells, Riesenräder, Schießbuden und Berg-und-Tal-Bahnen ohne Ordnung oder Logik herumstanden.

So hatte Disney, als er seinen beiden Töchtern auf dem Karussell zusah, zwei glänzende Ideen. Die erste war höchst einfach: Man muß einen Park schaffen, der so gut geführt wird, daß es sowohl in puncto Sauberkeit als auch in Sachen Sicherheit und Sittlichkeit nichts zu beanstanden gibt, und wo die ganze Familie, vom Baby bis zum Großvater, Zerstreuung und Spaß findet. Die zweite Idee war fast genial: Der Park müßte so konstruiert sein, daß die Attraktionen sich um bestimmte »kulturelle« The-

Disneyland Paris, das Paradies für Kinder von 7 bis 77 Jahren

men wie das Abenteuer, die Eroberung des Wilden Westens oder Science-fiction drehen. Jedes Thema würde in einem eigenen »Land« mit Veranstaltungen, Restaurants und Geschäften behandelt. Selbst das Personal müßte seinen Teil zu diesem Thema beitragen. Genau wie im Theater würde es Kulissen, eine Regie, eine Maschinerie und schließlich kostümierte Darsteller geben, die verschiedene Rollen spielen. Jedes Thema würde so den Besucher in ein imaginäres Universum versetzen, in dem er durch Kontinente und Jahrhunderte reist. Gleich zu Beginn ist es Disneys erklärter Wunsch, eine wirklich neue Form der Unterhaltung zu schaffen: zugleich familiär und themenbezogen. Heute erscheint uns vor allem das zweite Element (der systematische Bezug zu einem Thema) originell. Dies ist zweifellos die wirklich große Innovation und der geniale Zug Walt Disneys.

Mehr als ein Jahrzehnt verging, ehe Walt Disney 1954 offiziell die Errichtung eines solchen Parks in Anaheim bei Los Angeles (Kalifornien) bekanntgeben konnte. Natürlich verzögerte vor allem der Krieg die Entwicklung des Unternehmens, aber der Phantast Disney mußte auch politische Autoritäten und Bankiers davon überzeugen, daß sein verrücktes Projekt auch (sehr) rentabel sein könnte. Am 17. Juli 1955 entdeckt dann die amerikanische Öffentlichkeit zum ersten Mal Walt Disneys »Magisches Königreich« (Magic Kingdom). Der Park hatte zunächst etwa zwanzig verschiedene Attraktionen. Man sah dort falsche Dschungelwälder, beherrscht von nachgemachten Tieren, besuchte ein nie genutztes Operettenhaus und spazierte bei den Sioux und den Cowboys herum, als seien seither nicht Jahre über Jahre vergangen. Ganz gleich, wie alt er ist − der Besucher wird angeregt, sich in die Märchen und Träume seiner Kindheit zurückversetzen zu lassen. Wer hat sich nicht schon einmal vorgestellt, wie es wäre, auf einer einsamen Insel zu stranden, ein Baumhaus zu bewohnen, Micky Maus aus »Fleisch und Blut« zu treffen, den Sieben

Zwergen von Schneewittchen in ihre Mine zu folgen oder aus einem Spukschloß zu fliehen? Theater, Zauberei, Kindheitserinnerungen und Figuren aus Zeichentrickfilmen − dies ist der Disney-Cocktail.

Die Amerikaner ließen sich schnell von der Idee erobern. Nach einigen kleinen technischen und finanziellen Enttäuschungen stellte sich der Erfolg ein. Die Zahl der Besucher und der Attraktionen wurde immer größer. Disneys »Magisches Königreich« gehört seither zu den amerikanischen Träumen. Eine Anekdote beweist dies. Zu Beginn der sechziger Jahre waren die Attraktionen noch in Gruppen von A bis E eingeteilt, wobei jeder neue Buchstabe ein wenig mehr Spannung versprach. Um den Park zu betreten, mußte man ein Heftchen mit einer bestimmten Anzahl von Tickets der Gruppen A, B, C, D und E kaufen. Das System war bald in ganz Amerika bekannt: »E-Ticket« wurde zum Synonym für eine »Attraktion erster Klasse mit Sensationsgarantie«. Dies so sehr, daß Sally Ride nach der Rückkehr aus dem Weltraum an Bord des Spaceshuttles laut ausruft: »It was an E ticket ride!« (Es war ein E-Ticket-Flug), und alle Amerikaner verstanden, daß die Reise äußerst eindrucksvoll war.

Der Erfolg des ersten Themenparks veranlaßte Disney bald, einen zweiten zu errichten, diesmal in Florida. Aber er starb, ehe er sein Werk einweihen konnte. Dennoch öffnete der Park in der Nähe von Orlando im Jahre 1971 seine Pforten. Mit der Zeit wurde das ursprüngliche Konzept erweitert. Aus der

Idee eines familiären Themenparks wurde immer mehr ein enormer Freizeitkomplex, in dem man nicht mehr nur einen Nachmittag, sondern gleich mehrere Tage oder eine ganze Ferienwoche verbrachte. Die Hotels wurden nun ganz in der Nähe des »Magischen Königreiches« erbaut – mit Erfolg.

Dann folgten neue Themenparks: das EPCOT Center im Jahr 1982 und 1989 die Disney-MGM-Studios. Ein Erfolg auch sie. Und wieder werden neue Hotels nötig ... Ein Imperium entsteht unter dem Banner einer kleinen, schwarzen Maus, die pausenlos neue Gebiete erobert. In Florida zieren Mickys Ohren die Autobahnschilder auf den 11 200 Hektar, die die Walt Disney Company kaufte. Künstliche Seen ersetzen morastige Sümpfe. Eine futuristische Einschienenbahn gleitet still durch die er-

---

Welch eine Baustelle!

Gigantisch! Man muß diese Baustelle mit Siebenmeilenstiefeln durchmessen haben, um sich vorstellen zu können, welch gewaltiges Unternehmen die Errichtung eines solchen Tourismuskomplexes bedeutet. Mehrere tausend Arbeiter von mehreren hundert französischen und europäischen Firmen haben in diesem immensen Schlammloch gearbeitet. Zu manchen Zeiten arbeiteten 80 Kräne gleichzeitig, während Hunderte von Lastwagen, Baggern, Bulldozern, Betonmischern und Dampfwalzen die 600 Hektar große Baustelle in allen Richtungen durchpflügten. Tag und Nacht schleppten Spezialkonvois nach und nach die Bungalows der Davy Crockett Ranch oder Hunderte von Mammutbäumen aus Amerika — verschnürt wie Wurstpakete — aufs Gelände. Man glaubt an ein Wunder, aber nein — da wird tatsächlich eine Lokomotive aus Wales oder ein Stück viktorianischer Fassade, made in England, zwischen zwei noch nackten Böschungen wie eine Theaterkulisse herbeigeschoben. In weniger als vier Jahren (von August 1988 bis März 1992) hat man hier das Pendant einer echten Stadt geschaffen. Mehr als 300 000 Quadratmeter Gebäude wurden errichtet. Einmal zu Ende geführt, werden die Grundstücksgeschäfte hier mit denen des neuen Viertels La Défense vergleichbar sein. 32 Kilometer Straßen, ein Autobahnkreuz und mehr als zwanzig Brücken mußten gebaut werden. Elf Kilometer Schienen wurden verlegt, um die Linie A der Pariser S-Bahn RER bis ins Disneyland Paris zu verlängern. Ganz zu schweigen von der neuen Trasse des TGV, die seit 1994 in Betrieb ist, oder den Tonnen von Schotter, die für die Parkplätze notwendig waren. Vier Millionen Kubikmeter Erde wurden bewegt, 34 000 Kubikmeter Spezialsand herangeschafft. Nicht zu vergessen der Golfplatz: Mehr als 300 000 Bäume und Sträucher wurden gepflanzt, dazu noch einmal so viele Blumen und andere Pflanzen. Diese Zahlen stellen die Anpflanzungen des Disneyland Paris auf eine Stufe mit denen der ganzen Stadt Paris.

700 Millionen Besucher

Im Jahr 1990 zählten die fünf Disney-Themenparks in der ganzen Welt insgesamt mehr als 50 Millionen Besucher. Allein der kalifornische Park verkaufte bis 1988 300 Millionen Eintrittskarten (und dies 33 Jahre nach seiner Eröffnung im Jahre 1955). Am 29. Mai 1991, nach nur achtjährigem Bestehen, feierte der Park in Tokio seinen hundertmillionsten Besucher. Man kann ohne Übertreibung schätzen (aber dies sind Vermutungen, da die Gesellschaft ihre Zahlen nicht sonderlich gerne offenlegt), daß seit 1955 mehr als 700 Millionen Gäste die Disney-Themenparks besucht haben. Ein phänomenaler Erfolg! Ins Disneyland Paris kamen in den ersten drei Jahren rund 30 Millionen Besucher, das sind durchschnittlich mehr als 27 000 pro Tag.

leuchtete Nacht und braust durch ein Hotel, um direkt in seiner Eingangshalle zu halten. Unterdessen explodieren Tag und Nacht Feuerwerksknaller und -lichter, die jedem tropischen Gewitter Konkurrenz machen.

Ende der siebziger Jahre entschließt sich die Disney-Gesellschaft, ihr Können zu exportieren. Man wählt Japan und öffnet 1983 in der Nähe von Tokio einen neuen Themenpark (Tokyo Disneyland). Trotz des kühleren Klimas und der großen Unterschiede in der Mentalität übersteigen die Zahlen auch dort die optimistischsten Erwartungen.

Seit 1984 denkt die Walt-Disney-Gesellschaft laut darüber nach, auch in Europa Fuß zu fassen. Mehrere Länder sind zunächst im Rennen. Doch schon ein Jahr später schwankt man nur noch zwischen Frankreich und Spanien (und in Frankreich zwischen Marne-la-Vallée und Avignon). Die Verhandlungen führt der amerikanische Konzern direkt mit den Regierungen von Frankreich und Spanien. Die Geschäftsbedingungen sind einfach: Bietet der Staat die erwarteten Hilfen und Erleichterungen, sorgt die Walt Disney Company für mehr als 10 000 Arbeitsplätze bis 1992 und für weitere 30 000 bis zum Ende des Jahrtausends. Wie nebenbei bringt sie außerdem jedes Jahr Millionen von Touristen ins Land. Ausführliche Marktforschungsstudien lassen die Île-de-France bald als geeignetsten Standort erscheinen. Im März 1987 wird der letzte Vertrag zwischen der Walt Disney Company und der französischen Regierung unterzeichnet. Dieser Vertrag schließt einen Nutzungsplan des Geländes (1943 Hektar) und ein Entwicklungsprogramm Disneyland Paris für eine Periode von 30 Jahren (bis 2017 also) ein.

Die Arbeiten beginnen im August 1988. Es wird eine der größten Baustellen des Jahrzehnts, die zweitgrößte nach dem Bau des Kanaltunnels. Kosten des Unternehmens: 22 Milliarden Franc für den ersten Bauabschnitt. Warum aber wurde die Region Brie ausgewählt, was war so reizvoll an der Brie-Ebene zwischen der Marne, dem großen und kleinen Morin? Furchtbare Kämpfe fanden nicht weit von hier in den Jahren 1914 und 1918 statt. Gewiß, vor langer Zeit gehörte dieser Teil der Brie den Grafen der Champagne. Aber nichts davon scheint diese wenig pittoreske, landwirtschaftlich intensiv genutzte Region für eine derartige touristische Zukunft zu prädestinieren. Und es ist selten, daß französische Maisund Futterrübenäcker – so fruchtbar sie auch sein mögen – das amerikanische Kapital anlocken. Der einzige Grund für eine derartige Begeisterung ist wohl die Nähe zu Paris. Und nicht allein der Ballungsraum Paris mit seinen Vororten und Randgebieten, in denen fast zwölf Millionen Menschen leben, sondern auch die Tatsache, daß die Hauptstadt allein jedes Jahr Millionen von Besuchern aus der ganzen Welt anlockt.

Die Lage von Paris im Herzen Europas (mit 517 Millionen Bewohnern) und die günstigen Verkehrsverbindungen (insbesondere der französische Hochgeschwindigkeitszug TGV), die die Hauptstadt mit anderen Ländern der Europäischen Union verbinden, taten das Ihre, die Chefs von Micky vollends zu überzeugen. Gesagt, getan: Die eher triste Gegend der Brie ist ein »Ort der Verzauberung« geworden, wie die Einweihungstafel stolz verkündet, die der Präsident der Walt Disney Company Michael D. Eisner am 12. April 1992 anbrachte.

Disneyland Paris, dieser »Ort der Verzauberung«, ist zunächst ein riesiges Gelände: 600 Hektar bei seiner Eröffnung am 12. April 1992. Der Themenpark selbst macht nur ein knappes Zehntel der derzeitigen Fläche aus (genauer gesagt: 56 Hektar). Wozu aber dienen die übrigen neun Zehntel? Man findet dort sechs Hotels, die zu den größten ganz Europas gehören (mit Schwimmbädern, Tennisplätzen, Gärten und vielen weiteren Annehmlichkeiten), einen weitläufigen Bungalowpark, ein Unterhaltungszentrum (das Festival Disney, das selbst wiederum über Geschäfte, Restaurants, eine Diskothek, Bars, ein Veranstaltungszentrum etc. verfügt), einen Golfplatz, einen See, eine Eislaufbahn und so weiter.

Als »Ort der Verzauberung« ist das Disneyland Paris aber auch und vor allem ein Ort zum Lachen, einer, an dem man so tun kann, als ähnele die Welt einem zauberhaften Märchen. Hier hat die Phantasie immer Vorrang vor der Authentizität, und der Spaß an der Freude siegt über historische oder literarische Wahrheiten. Daß im Geschäft Scheherazade lauter Artikel verkauft werden, die sich auf den Kinohit »König der Löwen« beziehen, oder Livingstone sich für einen Safarihelden ausgibt, stört hier absolut niemanden. Und wenn Lehrern oder anderen ernsthaften Menschen dabei die Haare zu Berge stehen und sie vor Wut zu kochen beginnen, können sie sicher sein: Ihre unfreiwilligen kleinen Einlagen werden zweifellos in Kürze in die Vorstellungen eingebaut . . . In diesem Königreich, das von einer gerissenen, kleinen Maus regiert wird, ist alles unecht und alles lustig. Pech für all jene, die sich bös verschaukelt fühlen, nur weil man sie ein bißchen auf den Arm genommen hat!

Von Audio-Animatronics bis Walt

Das kleine Lexikon des Planeten Disney

Ahörnchen und Behörnchen

Das eine hat eine schwarze Nasenspitze, das andere eine rote. Aber abgesehen davon gleichen sich diese beiden Streifenhörnchen – kleine Plagegeister und ein bißchen kleptoman – aufs Haar genau. Auf der Leinwand erschienen sie 1943 zum ersten Mal. Stets sind die beiden Witzbolde und Feinschmecker zu jedem Streich bereit, wenn es darum geht, ein paar Nüsse mehr zu ergattern.

Aschenputtel

»Man nannte sie im Haus gewöhnlich › Aschenhaufen‹ , weil sie immer in der Ecke des Kamins hockte und sich in die Asche setzte. Die jüngere Tochter, die nicht so böse war wie ihre ältere Schwester, nannte sie Aschenputtel.« Dies ist der Ursprung des ungewöhnlichen Namens. Das Märchen von Charles Perrault »Aschenputtel oder Der

Minnie und Donald: zwei ganz berühmte »Characters«

kleine gläserne Schuh« erschien 1697. Walt Disney machte daraus zweieinhalb Jahrhunderte später einen Film, der beachtlichen Erfolg hatte: »Cinderella«.

Audio-Animatronics

Es wird erzählt, daß Walt Disney während einer Reise durch Europa fasziniert war von alten Automaten. Man sagt auch, daß er als Kind mechanisches Spielzeug sammelte. Sicher ist, daß er zu Beginn der sechziger Jahre darüber nachzudenken begann, welche Möglichkeiten es gibt, eine Aufführung nur mit Automaten zu verwirklichen. Das Konzept der Audio-Animatronics war geboren. Aber die Verwirklichung sollte noch viele Probleme bereiten. Der erste erfolgreiche Versuch fand im Jahr 1963 statt. Es war eine Aufführung mit singenden, beweglichen Blumen und Vögeln (Enchanted Tiki Room). Heute schmücken sie das Disneyland in Kalifornien. Ein Jahr später forderte der Staat Illinois Disney auf, für die Weltausstellung in New York eine

Vorstellung zu arrangieren, »bei der die Schauspieler keine Kaffeepause machen müßten«. Disney brachte daraufhin eine noch nie dagewesene Attraktion auf die Bühne: Das Stück »Great Moments with Mr. Lincoln« zeigte den amerikanischen Präsidenten während einer Rede. Die Bewegungen des Körpers und der Augen von Abraham Lincoln begleiteten seine Worte. Er schien sogar zu atmen. Kurz, man hielt ihn für lebendig. Die Menge war begeistert.

In jener Zeit kontrollierte ein Stromkreis die hydraulischen und pneumatischen Übertragungssysteme, die mit einem Tonband und Lichtmaschinen verbunden waren. Manchmal erschien es wie ein Wunder, daß das Ganze überhaupt funktionierte. Glücklicherweise kam die Elektronik, die Ende der siebziger Jahre rasche Fortschritte machte, den Audio-Animatronics zu Hilfe. Sie wurden perfektioniert, indem man sie vereinfachte. 1988 erschien eine neue Generation von Automaten (die Serie A-100). Entwickelt mit Unterstützung des biomedizinischen Versuchslabors der Universität Utah, sind ihre Bewegungen jetzt flüssiger und lebensechter. Dem Disneyland Paris sind natürlich die letzten Neuerungen dieser Technik zugute gekommen. Die meisten Audio-Animatronics im Disneyland Paris wurden in Florida hergestellt und programmiert. Sie hielten Hunderte von Arbeitern über Monate auf Trab.

Insgesamt gibt es fast eine Million Geräte im Park: einige sehr simple, wie die Tiere im Big Thunder Mountain, die nur wenige einfache Bewegungen ausführen; andere sehr komplizierte, wie der Drachen im Schloß von Dornröschen. Wieder andere sind hoch technisiert und vereinen Dutzende von Funktionen. Die wohl beeindruckendsten befinden sich im Phantom Manor und im Pirates of the Caribbean. Die Realisierung des Degenduells in der Piratenshow war eine echte technische Herausforderung: Eine falsche Einstellung hätte genügt, daß die beiden Audio-Animatronics sich gegenseitig zerstören. Sie haben beachtliche hydraulische Kräfte! Wenn die geheimnisvolle Wirkungsweise der Audio-Animatronics Sie interessiert, besuchen Sie den »Timekeeper« (Zeitwächter) im Visionarium. Entblößt und transparent, enthüllt er Ihnen seine ganze innere Maschinerie.

Bambi

Disney hat ein so rührendes Reh geschaffen und es in Gesellschaft seiner Kusine Feline und des Hasen Klopfer so poetische Abenteuer erleben lassen, daß man darüber beinahe das Buch von Felix Salten (erschienen 1923) vergessen hat. Mehrere Jahre Arbeit waren nötig, bis Bambi 1942 seine Kapriolen auf der Leinwand vollführen konnte. Aber die Mühe hat sich gelohnt und trägt noch immer Früchte: Seit die Videokassette »Bambi« herauskam, verkaufte sie sich fast zwölfmillionenmal.

Cast Member

Alle Angestellten im Disneyland haben das Recht auf den Titel »Cast Member« (was soviel wie Darsteller oder Mitglied des Ensembles bedeutet). Sie tragen ein Abzeichen und nennen sich beim Vornamen. Aber dieser Titel ist mehr als eine nette Spielerei: Ob Popcornverkäufer, Kassierer, Restaurantchef oder Kellner — jeder ist wirklich ein Teil des Spektakels. Übrigens tragen alle, die Kontakt mit den Besuchern haben, ein spezielles Kostüm. Denn eins hatte Walt Disney begriffen: Ein einziger falscher Ton würde genügen, um den Zauber zu zerstören. Der Besucher (den man hier *guest*, also Gast nennt) muß empfangen werden wie ein Freund, dem man einen traumhaften Tag bereiten möchte. Jeder Angestellte muß seinen Part mit Perfektion spielen können, aber auch mit Freude. Deshalb empfangen die (in der Hochsaison) 12 000 *Cast Members* von Disneyland Paris Sie immer mit einem Lächeln und werden alles daransetzen, Ihren Aufenthalt so angenehm wie möglich zu gestalten.

Die *Cast Members* sind angehalten, sich konform zum Gesamteindruck zu verhalten, den die Disney-Gesellschaft vermitteln will: Den Männern sind weder Bart noch Schnauzer oder Koteletten erlaubt, die Frauen dürfen kein auffälliges Make-up tragen, nicht mehr als einen Ring an jeder Hand, keine Ohrringe, die größer sind als zwei Zentimeter, und keine Pfennigabsätze. Verboten sind außerdem Jeans ebenso wie auffällige Strümpfe, es sei denn, sie gehören zum Kostüm. Ebensowenig ist es erlaubt, während der Arbeitszeit (auch beim Essen) alkoholische Getränke zu trinken — selbst wenn es nur ein Bier ist — und in den Büros zu rauchen.

Character

So nennt man hier die Disney-Figuren (Donald, Goofy, Schneewittchen, Aschenputtel und so weiter), die durch den Vergnügungspark und die Hotels streifen. Mit einigen von ihnen können Sie sich fotografieren lassen. Die *Characters* bleiben immer stumm. Wenn Sie sie ansprechen, antworten sie allein mit Gesten.

Disney-Universität

In diesen Universitäten — es gibt sie in Florida und Kalifornien wie in Marne-la-Vallée — lernen die *Cast Members* ihr Handwerk. Dort bringt man ihnen bei, wie sie ihre Rolle spielen müssen, damit nichts das Spektakel stört und der Zauber perfekt ist. So beginnt jeder, selbst wenn er für gehobene verantwortliche Aufgaben vorgesehen ist, damit, daß er untergeordnete Arbeiten ausführt. Der künftige Abteilungsdirektor etwa wird zunächst eine Woche lang Pommes frites verkaufen und als Pu der Bär kleine Kinder in den Armen halten. Während dieser Ausbildungsphase lernt er alle Funktionen seiner künftigen Mitarbeiter kennen. Das System scheint wirkungsvoll zu sein, urteilt man nach der mustergültigen Professionalität der *Cast Members*.

Donald und Daisy

Dieses unwiderstehliche Entenpaar hat bereits sein goldenes Jubiläum gefeiert, denn seine ersten Zeichentrickgeschichten erschienen schon 1934 und 1937. Donald ist ein unverbesserlicher Hitzkopf, hat aber ein gutes Herz. Daisy wiederum schwankt zwischen Teenager-Problemchen und den Träumen einer amerikanischen Hausfrau. Zu Disneys Entenfamilie gehören natürlich auch die drei Neffen Tick, Trick und Track ebenso wie der geizige Onkel Dagobert. Ein vielleicht aufschlußreiches Detail: Als »lebende Figur« erscheint Dagobert nirgends in den Disney-Parks.

Dornröschen

Disneys Film »Sleeping Beauty« stammt aus dem Jahr 1959. Zu jener Zeit war dies der teuerste Zeichentrickfilm, der jemals gedreht wurde. Er entstand nach Motiven des bekannten Märchens von Perrault, das Ende des 17. Jhs. erschien.

Dumbo

Es ist Frühling, und Frau Jumbo, eine Elefantendame, beklagt sich, weil sie noch immer kein Junges hat. Schließlich liefert ihr ein verspäteter Storch das ersehnte Gepäckstück ab. Das Elefantenbaby Dumbo hat aber derart große Ohren, daß es ihretwegen nur Probleme und Scherereien hat. Weil Dumbos Mutter versucht, ihren Nachwuchs zu verteidigen, wird sie von einem Wanderzirkus in einen Käfig gesteckt. Glücklicherweise hat das Mäuschen Timo einen Plan: Seine Freunde, die Raben, zeigen Dumbo, wie man fliegt − was dank der riesigen Ohren kein Problem ist. Dumbo tritt mit der Flugnummer im Zirkus auf und hat einen solchen Erfolg, daß der Direktor sich bereit erklärt, seine Mutter freizulassen.

Goofy

Goofy, der leicht vertrottelte Hund, wurde im Mai 1932 geboren. Übersprudelnd vor Optimismus, Freundlichkeit und Begeisterung, besitzt er zugleich eine beinahe unbegrenzte Fähigkeit, Katastrophen heraufzubeschwören. Goofy muß stets tüchtig überlegen, ehe er etwas unternimmt, und tapst dabei von einer Torheit in die nächste.

Imagineers

Das Wort »Imagineer«, entstanden aus den Begriffen »image« (Vorstellung) und Ingenieur, schuf Walt Disney 1952 für eine

Die Herzkönigin besitzt ein wahres Märchenschloß

Gruppe ganz spezieller Ingenieure: Ihr Job ist es, den lieben langen Tag phantasievollen Träumen nachzuhängen und dabei Kulissen und neue Attraktionen zu erfinden (vom Grand Canyon Diorama über die Pirates of the Caribbean bis hin zum magischen Kürbis von Aschenputtels Haus). Diese großen Kinder erfinden die verrücktesten Projekte, zeichnen und basteln Entwürfe ihrer Ideen, die zuletzt exakt nach ihren Phantasien realisiert werden. Das Team der 1200 *Imagineers* stellt eine hundertprozentige Tochtergesellschaft Disneys dar, das Walt Disney Imagineering. Die Mitarbeiter genießen einige Privilegien, denn schließlich will ein phantasievoller Geist nicht gegängelt werden.

Micky und Minni

Ihre ersten Gehversuche machte der 1928 geborene Micky Maus in dem Stummfilm »Plane Crazy«, der der Heldentat des Fliegers Charles Lindbergh im vorangegangenen Jahr gewidmet war. Aber dieser Film wurde erst später gezeigt. In »Steamboat Willie«, dem ersten »sprechenden« Trickfilm der Kinogeschichte (die Premiere war am 18. November 1928 im Colony Theater in New York), entdeckten die Zuschauer daher die männliche Maus mit der langen Schnauze zum ersten Mal. Seine Existenz verdankt Micky dem Bleistift- und Federstrich von Ub Iwerks. Und Lillian, Walt Disneys Frau, gab ihm seinen Vornamen. Walt Disney selbst hatte ihn zunächst Mortimer getauft. Was aber bekam Micky eigentlich von Walt? Das Drehbuch seiner Abenteuer und seine Stimme. Bis zum Schluß war es Walt Disney selbst, der Micky synchronisierte. Diese »menschliche Maus mit den lustigen und lebhaften Gesichtszügen« (so im französischen Wörterbuch »Robert«) eroberte die Zuschauer im Sturm. Micky ist gerissen, aber ohne Boshaftigkeit, dabei mutig und gerecht. War er zu Beginn einfach nur geschickt und optimistisch, wurde er bald zum Verteidiger puritanischer Werte und bürgerlicher Prinzipien der amerikanischen Nation. Er verkörpert den Traum von Fortschritt und Freiheit. Kurz, Micky ist bald nicht mehr nur der Sohn von Disney, sondern von ganz Amerika. Nur so ist zu verstehen, daß »Mickey Mouse« im Juni 1944 das Losungswort bei der Landung der Alliierten war. Seine Kinokarriere endete gegen 1953, zu jener Zeit, als die Firma Disney aufhörte, Original-Zeichentrickfilme mit Micky zu produzieren. Ab 1930 war die »schelmische Maus« aber bereits Comicheld und bekam 1934 ihre eigene Wochenzeitung. Die 450 000 Exemplare der ersten Nummer waren in kürzester Zeit ausverkauft. Der Star Micky war gemacht, Fernsehsendungen und Fanclubs folgten. Der 1983 gegründete Disney Channel zählte schon bald darauf mehr als 2,5 Millionen Abonnenten. In diesem Fall hat wirklich eine kleine Maus Berge versetzt. Auch Minni erschien zum ersten Mal in »Steamboat Willie«. In ihrem unvermeidlichen roten Kleid mit den großen weißen Punkten singt, tanzt und spielt sie mit dem erforderlichen Anstand die Rolle der treuen Verlobten. Denn Micky ist in Wirklichkeit eher schüchtern in bezug auf Frauen.

Peter Pan

Peter Pan, eine Gestalt, die der schottische Schriftsteller James Matthew Barrie (1860—1937) erfunden hat, ist ein Kind, das beschlossen hat, niemals erwachsen zu werden. Sein Reich: das Niemalsland (Never Land), eine bezaubernde verlorene Insel zwischen den Sternen, auf der Rothäute leben, Feen, Piraten und nicht zu vergessen das Krokodil, das die rechte Hand von Käpt'n Hook verspeist hat. Dieser Jack Hook, Kapitän der Piraten, ist Peter Pans erklärter Feind.

Um in das Niemalsland zu gelangen, muß man nur bei Nacht aus dem Fenster fliegen, »die zweite rechts nehmen und von dort aus immer geradeaus bis zur Morgendämmerung«. Die Version von Walt Disney aus dem Jahr 1953 räumt der Zauberei einen noch größeren Raum ein als den Träumen. Kathleen Kelly-Lainé, eine Psychoanalytikerin, die eine ganze Studie dem Thema Peter Pan gewidmet hat, versichert, daß der Autor, der einen älteren Bruder verloren hatte, selbst dieser »kleine Junge, der nicht größer werden wollte«, war, weil er im Herzen seiner Mutter das verlorene und vielbeweinte Kind ersetzen wollte. Hinter der Erscheinung des Träumers versteckte Peter Pan seine Traurigkeit, die des einsamen Kindes.

Pinocchio

»Pinocchios Abenteuer. Die Geschichte einer Marionette« ist ein Roman des Florentiners Carlo Collodi (sein echter Name war übrigens Lorenzini) und wurde erstmals 1881 in einem Feuilleton veröffentlicht. Das »Journal des Enfants« hatte Collodi beauftragt, diese Romanepisoden zu schreiben, die unter dem Titel »Die Geschichte eines Hampelmanns« erschienen. 1940 produziert Walt Disney Pinocchio als Trickfilm. Die Geschichte ist bekannt: Nach zahlreichen Mißgeschicken — beim Halunken Stromboli oder im Bauch des schrecklichen Walfischs — verwandelt sich die übermütige Marionette in einen braven kleinen Jungen. Der Traum wird wahr und die Illusion Realität. So gesehen hätte Pinocchio

eigentlich verdient, zum Maskottchen der *Imagineers* von Herrn Disney zu werden.

Pluto

Dieses brave Hündchen, das schüchtern und sentimental mit seinen langen Schlappohren dahertrottet, ist die Treue selbst. In ihm stecken die besten Vorsätze, doch bleibt es stets die Naivität in Person. Seit über 60 Jahren steht Pluto seinem Freund Mikky zur Seite.

Pu der Bär

Es gibt keinen größeren Gourmet als diesen Bären, der sich umbringen würde für einen Eimer Honig. Seine Gier jedoch bringt ihm viel Ärger ein. Glücklicherweise helfen seine Freunde Ferkel, Rabbit und Tigger ihm meist aus der Klemme, in die ihn seine unüberlegte Leidenschaft für Honigkuchen immer wieder bringt.

Schneewittchen

Inspiriert vom Märchen der Brüder Grimm (erschienen von 1812 bis 1814), war »Schneewittchen und die Sieben Zwerge« der erste musikalische Zeichentrickspielfilm, den Walt Disney realisierte. Die Produktion dieses Filmes, dessen Premiere am 21. Dezember 1937 im Carthay Circle Theater von Los Angeles gefeiert wurde, kostete fast eineinhalb Millionen Dollar.

Die Schweizer Familie Robinson

Walt Disneys Film »Swiss Family Robinson« entstand 1960 nach dem Vorbild eines Romans, der in den Vereinigten Staaten immer weit populärer war als in Europa, obgleich er von einem

Schweizer Schriftsteller verfaßt wurde: von Johann David Wyss (1743–1818). Wyss schrieb seinen Roman nach dem Muster von Daniel Defoes »Robinson Crusoe«, doch hat das Werk des Schweizers einen viel moralischeren und pädagogischeren Ton als das Original. Sein Schiffbrüchiger wird mit der ganzen Familie ans Ufer einer Insel gespült, die diesmal auch nicht verlassen ist. Der Schweizer Held nutzt den kleinen »Zwischenfall«, um seine artigen Kinder mit vernünftigen Ratschlägen zu überhäufen.

Walt

Walter Elias Disney wurde an einem Sonntag, dem 5. Dezember 1901, in Chicago geboren. Er wuchs mit seinen drei Brüdern und einer Schwester auf einer Farm in Missouri auf. Schon sehr früh interessierte er sich fürs Zeichnen – und für Geschäfte: Man erzählt, daß er schon im Alter von sieben Jahren seine »Werke« an die Nachbarn verkaufte. Im Herbst 1918 engagiert er sich beim Roten Kreuz und wird nach Europa geschickt. Er fährt einen Ambulanzwagen, den er über und über mit Karikaturen verziert hat. Nach dem Krieg beginnt er in Kansas City eine Karriere als Werbezeichner. Und in dieser Zeit – er ist erst 19 Jahre alt – entstehen seine ersten Zeichentrickfiguren. Im August 1923 verläßt Walt Kansas City, um nach Hollywood zu gehen – mit nur 40 Dollar in der Tasche. Glücklicherweise hat sein Bruder Roy, der ihm in dieses Abenteuer folgt, 250 Dollar zu verleihen. Sie brauchen das Geld auch, bekommen aber bald die ersten Aufträge und lassen sich in der Ladenstube eines Immobilienbüros in Hollywood nieder.

Am 13. Juli 1925 heiratet Walt eine seiner Angestellten: Lillian Bounds, mit der er zwei Töchter, Diane und Sharon, hat. Walt Disneys kleines Unternehmen verschreibt sich absolut und mit viel Enthusiasmus dem Zeichentrickfilm. Einige Kurzfilme entstehen und dann, 1937, der erste Spielfilm: »Schneewittchen und die Sieben Zwerge«. 1940 wird der Bau der Disney-Studios in Burbank fertig. Das Unternehmen zählt bereits mehr als 1000 Angestellte. Doch bedingt durch den Zweiten Weltkrieg dienen die Studios bald nur noch der Produktion von Schulungsfilmen und Propagandastreifen für die Streitkräfte. Nach Kriegsende kehrt man zur Unterhaltung zurück. Neben seinen Zeichentrickfilmen beschäftigt sich Disney in der Serie »True Life Adventures« auch mit Abenteuern der Wildnis und produziert Fernsehsendungen wie den »Mickey Mouse Club« und »Zorro«. Insgesamt verdanken wir Walt Disney 81 Filme. 1955 beginnt mit der Gründung eines mehr als ungewöhnlichen Vergnügungsparks in Kalifornien ein neues Abenteuer: Disneyland. Die Walt Disney World in Florida öffnet ihre Pforten erst 1971. Unterdessen aber ist der zaubernde Milliardär entschwunden »in das Reich, wo die Blätter immer grün sind« – so seine eigene Formulierung. Walt Disney starb am 15. Dezember 1966 an Krebs. In seinem Unternehmen arbeiteten damals 5000 Angestellte, heute sind es mehr als 50 000.

Was schauen wir an?

Main Street, Frontierland, Adventureland, Fantasyland und Discoveryland: Zerstreuung und Spaß für jeden zwischen sieben und 77 Jahren

Der Themenpark Disneyland Paris erstreckt sich über 56 Hektar und ist umgeben von Bergen, die zwischen 1990 und 1991 mit Hilfe von Bulldozern und Baumaschinen in der flachen Brie-Ebene geschaffen wurden. Diese mit Bäumen bepflanzten Hänge begrenzen ein vor den Blicken der Außenwelt geschütztes Territorium, in sich abgeschlossen wie ein Mikrokosmos, in dem alles möglich wird; eine riesige Theaterbühne, auf der Figuren aus Zeichentrickfilmen eine witzige Komödie in den Kulissen einer Märchenwelt oder eines Science-fiction-Filmes spielen. Kaum eingetreten, vergißt der Besucher, daß er sich nur eine Stunde von Paris entfernt hat. Hier ist alles nur Lachen, Phantasie und Zauberei. Hellblaue Elefanten überfliegen ein Operettenschloß, in dem eine Prinzessin soeben aus einem hundertjährigen Nickerchen erwacht; ein Kürbis verwandelt sich vor den Augen des Besuchers in eine

Im Disneyland Paris wird Tag und Nacht gefeiert

Kutsche; zwei menschengroße Streifenhörnchen halten Kinder in den Armen; ulkige Roboter drehen auf Rollschuhen ihre Kreise; ein 27 Meter großer Drache pustet Rauch aus der Nase; hübsche Cowboys singen die alten Lieder des Westens; derweil schickt ein Feuerwerk seine unechten Sterne und Kometen über ein künstliches Gebirge, aus dem zehnmal am Tag ein kleiner, verrückt gewordener Bergzug herabdonnert.

Bemühen Sie sich nicht zu verstehen. Versuchen Sie, nicht nachzudenken! Man muß sich mitreißen lassen wie ein kleines Kind, dem man eine schöne Gutenachtgeschichte erzählt. Der Park ist unterteilt in fünf »Länder«: Main Street, USA; Frontierland; Adventureland; Fantasyland und Discoveryland. Jedes widmet sich einem bestimmten Thema. Die Main Street durchzieht die etwa kreisförmige Struktur des Parks vom Eingang bis zu seinem Mittelpunkt: Auf ihr arbeiten Sie sich voran zur Central Plaza, direkt vor Dornröschens Schloß. Die vier anderen Länder füllen praktisch jeweils ein Viertel des Kreises. In diesen vier Ländern liegen die meisten der 40 Attraktionen. Fast überall erleichtern die hohen Türme des Schlosses die Orientierung. In diesem Kapitel ist ausschließlich von den Attraktionen des Themenparks die Rede. Die Vorstellungen des »Festival Disney« sind im Kapitel »Unterhaltung« beschrieben.

Einige Attraktionen (Big Thunder Mountain, Indiana Jones et le Temple du Péril, Space Mountain, Autopia und Star Tours) erfordern eine gute körperliche Verfassung. Lesen Sie die Empfehlungen im Kapitel »Gut zu wissen« unter dem Stichwort »Gute Kondition«.

Übrigens: Selbst wenn wir sensiblen oder sehr feinfühligen Menschen von einigen Attraktionen abraten, brauchen Eltern nicht zu befürchten, daß es irgendeine wirklich gewalttätige oder unzüchtige Szene in den Veranstaltungen gibt. Hier wird man nur eingeladen, den Ängstlichen zu spielen, man muß niemals wirklich Angst haben.

Wie organisieren Sie Ihren Besuch?

Erster Ratschlag: Kommen Sie früh. Ideal ist es, wenigstens 30 Minuten vor der Öffnung des Parks dort zu sein, dann haben Sie genug Zeit, zu parken und sich in aller Ruhe einem der 42

MARCO POLO TIPS FÜR BESICHTIGUNGEN

1 Big Thunder Mountain
Hier werden ein paar wahrhaft haarsträubend aufregende Momente garantiert! (Seite 28)

2 CinéMagique
Tolle Spezialeffekte in 3-D (Seite 40)

3 Dumbo the Flying Elephant
Ein fliegender Elefant ist der absolute Liebling kleiner Kinder (Seite 37)

4 Märchenland
Ein Spaziergang, der Große und Kleine bezaubert (Seite 38)

5 The Lucky Nugget Saloon
French-Cancan erobert die Cowboyherzen (Seite 30)

6 Phantom Manor
Lachen Sie über Ihre nächtlichen Alpträume von früher (Seite 31)

7 Pirates of the Caribbean
Ein Wunder der Technik mit den Illusionen echten Theaters (Seite 35)

8 Star Tours
Ersetzt eine echte Reise durch die Galaxien (Seite 41)

9 Le Théâtre du Château
Nie zuvor hat jemand ein so großes Bilderbuch gemalt (Seite 39)

10 Le Visionarium
Eine Flucht aus den Dimensionen der Zeit ohne philosophischen Hintergrund (Seite 42)

Eintrittsschalter zu nähern, um dort eine Weile in der Schlange zu stehen. Nachdem Sie Ihren Ausweis, das heißt Ihre Eintrittskarte, gekauft haben, betreten Sie den Park. Vergessen Sie nicht, in der City Hall nach einem Veranstaltungsprogramm zu fragen. Wenn Sie die Show im Lucky Nugget Saloon miterleben wollen, gehen Sie am besten zuerst dorthin, um einen Platz zu reservieren (immer geradeaus bis zur Central Plaza, dann links). Auch wenn Sie in einem der fünf Restaurants mit Bedienung am Tisch essen möchten, sollten Sie gleich bei Ihrer Ankunft einen Tisch reservieren. Verbringen Sie auf jeden Fall nicht zuviel Zeit in der Main Street: Sie haben noch am Ende des Tages Gelegenheit, hierher zurückzukehren. An der Central Plaza angekommen, entscheiden Sie ganz nach Ihren Vorlieben, ob Sie lieber mit dem Frontierland zur Linken oder mit dem Discoveryland, das rechter Hand liegt, beginnen wollen, um dann nach und nach die übrigen drei Länder zu besuchen.

Eine gute Möglichkeit (unserer Ansicht nach sogar die beste), den Besuch des Parks zu beginnen, besteht darin, zunächst an der Main Street Station die kleine Dampflok zu besteigen und eine Rundfahrt zu machen. Sie steigen an der Station Frontierland Depot, dem ersten Bahnhof, nach einem Viertel der Strecke wieder aus, und fahren erst nach dem Besuch im Frontierland weiter. Wenn Sie kleine Kinder haben, sollten Sie erst am zweiten Bahnhof, der Fantasyland Station, aussteigen. Dann sind Sie gleich an Ort und Stelle der

für die Jüngsten reizvollsten Attraktionen.

Besuch mit kleinen Kindern

Sind Sie mit Kindern unter fünf Jahren unterwegs, gehen Sie direkt ins Fantasyland. Hier können Sie sicher sein, die Attraktionen zu sehen, die ihnen am meisten gefallen werden, ehe sie müde sind. Mit Kindern zwischen sechs und zehn Jahren entscheiden Sie sich zunächst für das Adventureland und dort für die Hütte der Robinsons und Adventure Isle, wo die Kleinen sich austoben können, und besuchen dann die Pirates of the Caribbean. Wenn Sie Jugendliche begleiten, beginnen Sie eher mit dem Discoveryland (Star Tours, Visionarium, Videopolis) und gehen dann ins Frontierland (Big Thunder Mountain, Phantom Manor). Geben Sie in jedem Fall den zehn von uns als MARCO POLO Tips ausgewählten Attraktionen den Vorrang – es wäre wirklich schade, sie zu verpassen.

MAIN STREET, USA

Die Main Street ist eine typische Hauptstraße der Städte im amerikanischen Mittleren Westen um die Jahrhundertwende. Es gibt sie in jedem der Disney-Themenparks. Über sie erreichen Sie die vier anderen Länder des Parks, in denen sich die Hauptattraktionen befinden, während die Main Street selbst eher durch ihre Geschäfte, die Gastronomie und durch die beiden Paraden (La Parade Disney und Main Street Electrical Parade) interessant wird.

Gleich nachdem Sie das Disneyland Hotel und den Bahnhof

hinter sich gelassen haben, landen Sie auf einem schönen, großen Platz (Town Square), der sich linker Hand zum Rathaus (City Hall) öffnet. Dort stehen auch die von Pferden gezogenen Omnibusse, die alten Limousinen, das Feuerwehrauto oder auch der Paddy Wagon (Polizeiwagen), die allesamt durch die Main Street pendeln. Fahren Sie ruhig einmal mit! Sie werden die 528 000 Pflastersteine der Main Street auch später am Tag noch auf eigenen Füßen erobern können.

Erschrecken Sie nicht, wenn Sie das eigenartige Gefühl haben, viel größer als gewohnt zu sein! Alles in der Main Street wurde auf Fünf-Achtel-Größe reduziert. Die hölzernen Fassaden und Schaufenster, die in England hergestellt wurden, sind also genauso wie die Geschäfte, die Restaurants und die Cafés viel kleiner als üblich. Das gleiche gilt für die Straßenlaternen, die Gasleuchten und selbst für die Bäume. Diese Verkleinerung hatte Walt Disney sich gleich zu Beginn ausgedacht, um dem Besucher zu ermöglichen, mehr zu sehen und gleichzeitig einige Schritte weniger laufen zu müssen. Aber der wichtigste Effekt dieser Größenreduzierung ist vielleicht, daß der Gast auch körperlich den Unterschied zwischen der realen Welt, die er soeben verlassen hat, und der Umgebung spürt, in der er sich jetzt befindet.

Gleich in der Main Street tauchen die Gäste ein in die Fiktion. Das Schloß von Dornröschen, dessen hübscher Anblick das Ende der Main Street ziert, hat schon nichts mehr Überraschendes mehr: Wir haben Frankreich verlassen und ein amerikanisches Phantasieland betreten.

Überall auf dieser Hauptstraße treffen Sie Musikantengruppen und kostümierte Komödianten, die Sketche oder bekannte Lieder aus der Zeit der Jahrhundertwende vortragen. Dieses Spektakel läuft fast ununterbrochen, da jede Gruppe ihre Vorstellung mehrmals am Tag wiederholt. Gleich am Eingang spielen die acht Suffragetten Melodien, die man zu Zeiten von Präsident Theodore Roosevelt hörte. Ein Stück weiter, neben dem Friseurladen Dapper Dan's Hair Cuts, treffen Sie The Main Street Quartet. Dort haben der Barbier mit seinem gestreiften Kittel und einige Geschäftsleute aus der Straße eine Band gegründet. Wenn sie nicht gerade auf ihrem viersitzigen Fahrrad herumgurken, kapern sie mitunter den Trolleybus. Und wundern Sie sich nicht, wenn Sie die Dixieland Band, ein Saxophonquintett, das einem Stummfilm entsprungen zu sein scheint, in der grünen Minna die Main Street entlangfahren sehen. Die artigen Jungs haben gewiß nichts verbrochen. Nicht mehr jedenfalls als Pratfall and Son, zwei Komiker, die Farcen im Stil von Stan Laurel und Oliver Hardy spielen. Für Fensterputzer, Straßenfeger oder Gärtner einspringend, verursachen sie nichts als Chaos in der Main Street. The Ragtime Jack, ein Trio junger, kaugummikauender Rabauken, singt aus vollem Halse und tanzt zu Ragtime-Rhythmen durch die Straße. Klavier und Banjo geben ihnen den Einsatz, wenn sie Casey's Corner stürmen. Ein ganz anderer Stil herrscht übrigens im Discoveryland vor Videopolis, wo The Future Brass Band auftritt — in schimmernden Raumfahrer-Overalls. An schönen Tagen nimmt sich The Disneyland Paris Band, eine Kapelle mit 19 Musikern in rot-weißen Kostümen, die Zeit für einen durchdringenden Marsch, der alle Welt, Besucher und *Cast Members*, zu Brüdern macht.

Feuerwerk

Ein Feuerwerk, das über dem Themenpark abgebrannt wird, findet nur in der Saison an Abenden mit verlängerter Öffnungszeit statt, etwa gegen 22 Uhr, nach der Parade (Main Street Electrical Parade) und nur bei wolkenlosem Himmel. Aber wenn Sie darauf warten, wird Ihre Geduld belohnt. Die rosigen Türme des Schlosses sind plötzlich — wie von tausend Zauberstäben berührt — umgeben von Millionen bunter Sterne, die aufsteigen, strahlen und in Kaskaden wieder herabstürzen. Die Feen von Herrn Disney haben ihre pyrotechnischen Hausaufgaben wirklich gründlich gemacht. *Informationen über die Termine und Uhrzeiten finden Sie im Veranstaltungsprogramm. Plätze, von denen aus Sie eine besonders gute Sicht haben, finden Sie auf der gesamten Main Street, weniger überfüllt ist es im Fantasyland hinter dem Schloß.*

Liberty Arcade und Discovery Arcade

Diese beiden überdachten Passagen verlaufen auf der Rückseite der Main Street. Sie erlauben es, die Central Plaza geschützt vor Regenschauern zu erreichen. Liberty Arcade erzählt die Abenteuer der Freiheitsstatue, die — ein Jahrhundert vor der Schaffung des Disneyland Paris — das Band zwischen der französischen und der amerikanischen Kultur knüpfte. Discovery Arcade thematisiert die industrielle Revolution mit Hilfe von Miniaturreproduktionen.

Liberty Court

Sie waren am 28. Oktober 1886 noch nicht auf der Welt? Dann haben Sie die Einweihung der Freiheitsstatue im Hafen von New York vermutlich verpaßt. Präsident Stephen Grover Cleveland, im vorangegangenen Jahr gewählt, war dort und natürlich auch Frédéric Auguste Bartholdi, der Bildhauer dieser 33 Meter hohen Dame aus Bronzeplatten, deren Stahlskelett das Werk Gustave Eiffels war. Als Andenken überragt ein Miniaturmodell dieser »Freiheit, die die Welt erhellt«, die Seine am Pont de Grenelle. Wenn Sie also die Einweihung versäumt haben, können Sie dieses bedauerliche Versehen wiedergutmachen: Ein Panoramabild mit akustischer Untermalung ist, etwas zurückversetzt, ungefähr in der Mitte der Liberty Arcade, eingerichtet. *Der Eingang ist rot bespannt.*

Main Street Electrical Parade

Nach mehr als 13 Jahren treuer und guter Dienste im Vergnügungspark in Florida wurde die Lichterparade im Herbst 1990 verpackt und nach Frankreich verschickt. Seit seiner Premiere am 11. Juni 1977, so hat man errechnet, hat dieser nächtliche Umzug gut und gerne die Entfernung zwischen Walt Disney

World in Florida und Disneyland in Kalifornien zurückgelegt. Obgleich die Parade gewissermaßen »second hand« ist, glänzen all ihre Lichter und Feuer mit Einbruch der Dämmerung noch immer prächtig. Sieben erleuchtete Wagen mit Musik bewegen sich nach einer Choreographie von J.-M. Chastel. Auf den Schultern ihrer Väter trauen die Kinder ihren trotz Müdigkeit aufgerissenen Augen kaum. *Die Lichterparade findet nicht das ganze Jahr über, sondern lediglich an ausgewählten Abenden (auf jeden Fall samstags) statt. Informationen über die genauen Termine und Uhrzeiten nennt das Veranstaltungsprogramm. Die Strecke der Main Street Electrical Parade ist identisch mit der Route von La Parade Disney. Der beste* ◥◤ *Aussichtspunkt ist der Bahnhof (Main Street Station), von dem aus Sie auf die Parade herabsehen können, oder am Anfang der Main Street, gleich nach dem Town Square.*

Main Street Station

Dies ist der Hauptbahnhof von Disneyland Paris – ganz aus viktorianischen Kunstschmiedearbeiten mit einem Bahnhofsvorsteher im zeitgenössischen Gewand, der aussieht, als sei er soeben aus einer jahrzehntelangen Hypnose erwacht. Steigen Sie die Treppen hinauf und in einen Dampfzug, der typisch für das Ende des 19. Jhs. ist. Er ist – wie die Gebäude in der Main Street – auf Fünf-Achtel-Größe reduziert. Die Lokomotive ist eine »4–4–0«, was bedeutet: vier kleine Räder vorne, vier Antriebsräder und null folgende Räder. Sie ist die Reproduktion eines Modells von 1890 mit einem

Kohle-und-Holz-Verbrennungssystem. Das Ganze wurde maßstabsgetreu in Wales hergestellt. Der Zug, der den gesamten Themenpark umrundet, führt zunächst durch das Grand Canyon Diorama, hält am Bahnhof des Frontierlands, des Fantasylands und des Discoverylands, ehe er zur Main Street Station zurückkehrt. Bei dieser Fahrt auf einem erhöhten Bahndamm haben Sie einen guten Blick über die fünf Länder des Parks. *Die Treppen zum Bahnhof beginnen genau hinter der Schalterhalle.*

La Parade Disney

Von der Disneyland-Fanfare angekündigt, zieht eine Parade von zwölf Wagen aus der Show It's a Small World durch die Main Street, nachdem sie zuvor das Dornröschen-Schloß umrundet hat. Jeder der Wagen illustriert eine berühmte Zeichentrickgeschichte. Insgesamt mobilisiert diese Parade 240 *Cast Members*, darunter mehr als 180 Schauspieler und nicht weniger als 32 Musiker. Die für die Fortbewegung der von versteckten Fahrern gesteuerten Wagen nötige Energie wird in eingebauten Batterien gespeichert, die auch die Lautsprecher und Lichtanlagen versorgen. Die pneumatischen Bewegungen funktionieren mit Druckluftflaschen, und einige Spezialeffekte, beispielsweise der feuerspukende Drache, werden mit Hilfe von Gasflaschen erzeugt. *La Parade Disney findet nachmittags statt. Nicht bei jeder Parade sind alle Wagen dabei. Bei Regen oder bei Sturm fällt die Parade aus. Nähere Informationen finden Sie im Veranstaltungsprogramm. Der beste Aus-*

sichtpunkt auf die Parade ist auch hier mit Sicherheit der 🚉 Bahnhof (Main Street Station), der es dem Besucher ermöglicht, von oben auf die Parade hinabzusehen. Recht gut sieht man auch am Anfang der Main Street, gleich hinter dem Town Square. Und warten Sie nicht bis zum letzten Augenblick: Die besten Plätze sind begehrt!

Versteckspiel hinter den Ohren des listigen Mäuserichs

FRONTIERLAND

Als Heimat der Trapper, Cowboys und Minenarbeiter erhielt Frontierland seinen Namen von der »Grenze« (engl. *frontier*), jener Demarkationslinie, die seit den letzten Jahrzehnten des 18. Jhs. unablässig in Richtung Westen verschoben wurde. Seit im Jahre 1848 ein gewisser James Marshall durch Zufall in einem Flußbett Gold fand, vermutete man jenseits dieser Grenze unermeßliche Bodenschätze. Solange es noch Land zu erobern gab, blieb die Hoffnung, ebendort sein Glück zu machen. Und diese Hoffnung hielt so lange an, bis die Grenze ziemlich genau mit der Küste des Pazifiks übereinstimmte. Der Westen konnte nun keinen maßlosen Träumen mehr nachhängen. Amerika mußte sich damit zufriedengeben, ein begrenztes Land zu sein, eine Expansion konnte sich fortan nur noch außerhalb der Grenzen vollziehen. Aber das ist eine ganz andere Geschichte.

Während der Zeit des Goldrausches ließen sich die Pioniere dort nieder, wo sie hofften, viel erbeuten zu können (oder wenigstens genug zum Überleben), insbesondere also dort, wo bereits Spuren von Edelmetallen gefunden worden waren. So-

bald aber eine Gold-, Silber- oder Kupferader abgebaut war, zogen sie weiter, um ein neues Eldorado zu erobern. Bald gab es im ganzen Westen Phantomstädte, die in einigen Monaten errichtet und ebensoschnell wieder verlassen worden waren. Thunder Mesa wird ein solches Schicksal nachgesagt. An bessere Tage erinnern noch der Saloon der Stadt (der Lucky Nugget Saloon), ihr kleiner Flußhafen (Riverboat Landing), an dem zwei schmucke Raddampfer festmachen, ein Bahnhof und die Modellfarm Critter Corral. Aber die Zeiten haben sich geändert: Die Minen sind ausgebeutet, und Thunder Mesa wurde von seinen Bewohnern verlassen. Symbol dieser weniger glorreichen Jahre: das Spukhaus (Phantom Manor), in dem die Musik nur noch verblassenden Geistern zum Tanz aufspielt. So repräsentiert das Frontierland gleichzeitig zwei verschiedene Epochen.

Auf den Straßen lassen Komödianten und Stuntmen vor Ihren Augen Westernszenen wiederaufleben. Auf den Dächern hockend oder hinter den Stützpfeilern der Veranden verborgen, begleichen die Gunfighters bei Gelegenheit ihre Rechnungen per Revolver und schrecken nicht davor zurück, auf offener Straße zu schießen. Drei Musikantengruppen tragen unterdessen typische Melodien des Westens vor.

Big Thunder Mountain

★ Diese künstliche Insel in den Farben der Wüste markiert mit ihren 33 Meter hohen Steilhängen das Ufer der Rivers of the Far West. Hier war wohl das Monument Valley, diese grandiose Wüstenlandschaft, die John Ford 1939 für seinen Film »Höllenfahrt nach Santa Fe« zum ersten Mal im Kino zeigte, die Quelle der Inspiration. Seither wurden hier so viele Western gedreht (»Rio Grande«, »Billy the Kid« etc.), daß man sich kaum wundern würde, wenn plötzlich John Wayne auftauchte. Monument Valley diente auch zahlreichen Abenteuerfilmen wie »2001: Odyssee im Weltraum« oder »Indiana Jones« als Hintergrund. Beim Bau des Disney-Gebirges dachte man natürlich gar nicht daran, echte Felsen heranzuschleppen. Man mußte daher eine enorme Metallkonstruktion errichten, auf der man mehrere tausend Kubikmeter Felsimitationen anbrachte, die wiederum aus verkleidetem Beton angefertigt worden waren. Das Ganze wurde anschließend mit Gips bearbeitet, geformt, auf alt getrimmt und schließlich mit 26 500 Litern Farbe angemalt, damit es aussah wie jene von Wind und Wetter gezeichneten, roten, felsig-sandigen Bergspitzen. Und es wirkt täuschend echt. Besonders weil die überraschungsreiche (und rasante) Exkursion in die leerstehende Goldmine kaum Zeit läßt, die Örtlichkeiten genau unter die Lupe zu nehmen.

Zunächst gelangt man in die Büros der Mine. Man hört den Lärm von Kompressoren und klapperndem Metall. Ist der Abend angebrochen, erhellt nur noch der flackernde Schein der Lampen der Minenarbeiter die soliden Bohlen. Schon steigt man in einen kleinen Zug mit holpernden Waggons, der schonungslos in einen äußerst beunruhigenden Tunnel braust. In der Dunkelheit leuchten die Augen der Fledermäuse, kleine Tümpel schimmern phosphoreszierend, und Wasserfälle drohen die ganze Zugbesatzung zu durchweichen. Dann donnert der Zug in verrücktem Tempo durch die Mine, ehe er steile Gefälle herabstürzt und unvermutet in die enge Schlucht eines Steilhangs saust. Die in ihrem Baum hängende Opossumfamilie macht nicht den Eindruck, als ob sie dieses Eindringen in ihr Revier billige. Was soll's, die Brücke ist zerbrochen − werden Sie in den Fluß stürzen? Dieser Gefahr soeben entronnen, kündigt sich eine neue an: Es gab einen Unfall, und die Passagiere sind angehalten, ihren Kopf einzuziehen, wenn sie sich nicht im Tunnel skalpieren lassen wollen. Sie haben sich von diesem Schock erholt? Atmen Sie noch nicht auf! Eine gigantische Explosion droht alles zu versengen, die Berge setzen sich in Bewegung und hüllen Sie in eine Wolke aus Goldstaub . . . Sie werden gerade genug Zeit haben, sich zu fragen, wie viele von Ihnen diesen totalen Zusammenbruch überleben werden. Seit diese Attraktion

1979 zum ersten Mal im kalifornischen Disneyland realisiert wurde, gehört sie zum Inventar aller Disney-Parks. Vorsicht! Big Thunder Mountain ist etwas für waghalsige und sportliche Gäste. Kinder, die unter drei Jahren oder kleiner als 1,02 Meter sind, werden nicht zugelassen (ein Rad am Eingang dient als Meßstab). Wenn Sie allerdings wirklich ein Freund starker Sensationen sein sollten, bemühen Sie sich auf jeden Fall um einen hinteren Platz im letzten Wagen: Alle Effekte verzehnfachen sich dort. Wir haben Sie aber gewarnt! *Die Fahrt beginnt nicht auf der Insel, sondern am Ufer, gegenüber dem Restaurant Fuente del Oro. Big Thunder Mountain ist nicht geeignet für Schwangere und für Personen mit empfindlichem Rücken.*

Critter Corral

Ziegen, Kaninchen, Hühner und Enten springen, schnattern und tollen im Critter Corral, einer traditionellen Ranch, frei herum. Kinder werden die charmanten »Leistungen« der Tiere dieser Farm schätzen. Allein aus Freude daran, die Besucher zu begeistern, klettern die Ziegen waghalsig auf ihrem künstlichen Hügel herum. Im Wind dreht sich langsam ein altes Windrad, und für einen Moment glaubt man, gerade in einer Szene für den Film »Unsere kleine Farm« mitzuspielen. *Critter Corral liegt ganz in der Nähe des Bahnhofs Frontierland Depot.*

Grand Canyon Diorama

Man muß in den kleinen Dampfzug steigen, der die Parkrundfahrt macht, um dieses Diorama in einem 80 Meter langen Tunnel zu durchqueren. Das Diorama befindet sich rechter Hand in Fahrtrichtung. Seinen Hintergrund bildet eine 770 Quadratmeter große Panoramafreske, für deren Herstellung nicht weniger als 1450 Liter Farbe nötig waren. Vor dieser Freske sind Fauna und Flora des Wilden Westens rekonstruiert worden. Insgesamt 33 verschiedene Pflanzenarten und 48 Tiere, die im Grand Canyon heimisch geworden sind: Pumas, Waschbären, Bären, Coyoten, Klapperschlangen, Füchse und so weiter... Die dargestellten Szenen zeigen einen schönen Frühherbsttag vom Beginn der Morgendämmerung bis zum Sonnenuntergang. Am Ausgang des Tunnels empfängt die hohe Silhouette des Big Thunder Mountain die Passagiere. Nächster Halt: Frontierland Depot, der kleine Bahnhof mit dem grün gedeckten Dach, der den verlassenen Ort Thunder Mesa mit der Außenwelt verbindet. *Es gibt keinen anderen Weg, das Diorama zu entdecken, als den kleinen Dampfzug. Der Hauptbahnhof (Main Street Station) ist also quasi der Eingang.*

Legends of the Wild West

Wenn Sie das Frontierland durch das Fort Comstock betreten, befinden Sie sich gleich mitten in dieser Ausstellung über die legendären Figuren des Wilden Westens. In den verschiedenen Räumen und Türmen des Forts zeigen Wandbilder Szenen aus den Abenteuern der Goldsucher, der Outlaws, der Sheriffs und vieler anderer. Der Rundgang endet am Indianercamp. In den Zelten — von denen eines mit authentischen Gebrauchsgegenständen der Cheyenne ausgestattet ist — sind Szenen aus dem Leben der amerikanischen Ureinwohner nachgestellt.

The Lucky Nugget Saloon

★ Lucky Nugget ist der »Klumpen Glück«, von dem all die Pioniere der Goldrauschzeit träumten. Wie die temperamentvolle Miss Lil in seinen Besitz gelangte, weiß niemand. Aber er muß hübsch dick gewesen sein, dieser »lucky nugget«, denn Miss Lil vertauschte endgültig ihre Bluejeans gegen ein schönes Seidenkleid, ehe sie sich auf und davon machte ... in Richtung Paris. Sie wählte das Moulin Rouge, um ihre Talente als Revuedame zu perfektionieren, und dort traf sie auch den verführerischen Pierre Paradis. Zurück in Thunder Mesa, eröffnet sie mit ihrem »French lover« und sechs französischen Tänzerinnen einen luxuriösen Saloon ganz in Rot und Gold, wo das Kupfergeschirr nur so blinkt.

Während Miss Lils Gigolo den Charmeur spielt und Songs wie »Every day is Ladies' day« oder »They go wild, simply wild over me« singt, schneit Charlie McGee herein, ein alter Hase, der bislang noch nicht in den Jackpot gegriffen hat. Charlie sieht so aus, als sei er ein wenig zu lange in den Minen und in der Wüste geblieben. Auf jeden Fall hat er in den letzten sechs Monaten, die er schürfend unter der sengenden Sonne verbrachte, kein einziges Bad genommen! Und eine ganze Weile scheucht man ihn gemeinsam mit seinem Esel »Goldstaub« quer durch den Saloon. Auch die Mädchen von Miss Lil versuchen ihn zu bewe-

gen, auf der Stelle ein Bad zu nehmen, und wenn es vor den Augen all der Zuschauer geschieht — es muß sein! Dieses komische Intermezzo hält freilich Miss Lil nicht davon ab, ihr Spektakel »The Perils of Little Nell« fortzusetzen, ein Melodrama nach dem Geschmack jener Zeit, in dem die unvermeidliche Heldin gefesselt auf den Gleisen einer Bahnlinie liegt. Man buht den Schurken pfeifend aus und applaudiert dem Helden, der kein anderer als Pierre Paradis ist. Das Schlußwort wird den schönen Mädchen überlassen, die die Pioniere in die heißen Freuden eines Tanzes einführen, der fortan im ganzen Westen Furore macht: der »French cancan«. Das ist lustig und nett, aber die über 50jährigen schätzen es vermutlich mehr als die Teenager ... *Der Lucky Nugget Saloon liegt beim Eingang zum Frontierland. Die Vorstellung dauert 30 Minuten; sie findet nicht täglich statt — Auskunft in der City Hall oder direkt im Saloon. Man kann kurz vor der Aufführung einen Imbiß oder eine Mahlzeit bekommen. Reservierungen an Ort und Stelle für den gleichen Tag erforderlich. Wenn Sie nicht reserviert haben, können Sie dennoch Ihr Glück versuchen, indem Sie sehr früh kommen: Es gibt immer einige, die in letzter Minute trotz Reservierung doch nicht erscheinen.*

Mark Twain und Molly Brown

Das Abenteuer beginnt am Landungssteg Thunder Mesa Riverboat Landing. Während dieser Flußfahrt umrundet man den Big Thunder Mountain, man hat an Smuggler's Cove (Schmugglerbucht) vorbeifährt. Kurz darauf ändert sich die Landschaft: Wilderness Island ist bedeckt von einem dichten Wald aus Koniferen und Birken, auf die unablässig Bäche schmelzenden Schnees hinabspritzen. Ein Anlegeponton voller Kisten und Fässer zeugt von der Tätigkeit einiger Pioniere. Elche grasen an der Böschung. Aber was erblickt man da ein Stück weiter? Dieser verlassene Planwagen mit seinen beiden zum Skelett (im wahren Sinne des Wortes) abgemagerten Rindern hat nichts sehr Beruhigendes. Es stimmt wohl, daß es nicht immer ungefährlich ist, diese vielversprechenden Gegenden zu erforschen. Die Seereise endet in einer ganz anderen Landschaft, einer dem Yellowstone Nationalpark im Staate Wyoming würdigen. Die Geysire sprudeln, und die Schlammteiche glucksen — einer heftiger als der nächste. *Die »Kreuzfahrt« dauert fast eine Viertelstunde. Die Schiffe legen eine Strecke von gut zwei Kilometern zurück. Einstieg ist am Riverboat Landing.*

Phantom Manor

★ Errichtet in den glorreichen Jahren des Goldrausches, ist dieses altersschwache Haus inzwischen nur noch von beunruhigenden Geistern bewohnt. Die hitchcockartige Silhouette (das Haus des Films »Psycho« könnte als Modell gedient haben) des Bauwerks erhebt sich vor den Küsten und roten Felsen des Frontierland.

Seine Geschichte ist folgende: Unter den Gründern der kleinen Stadt Thunder Mesa lebte eine Familie, die bald zu Reichtum kam. Mit dem verdienten Geld errichtete sie dieses ansehnliche Gebäude. In dieser Familie gab es eine Tochter, deren Ehemann in der Hochzeitsnacht verschwand — vermutlich wurde er ermordet. Auf jeden Fall sah ihn niemand jemals wieder, und das stattliche Haus wurde verlassen und zerfiel zur Ruine. Beim Übertreten der Schwelle heißt Sie ein gespenstischer Gastgeber mit einer echten Grabesstimme willkommen. Die Tür schließt sich wieder. Die Besucher treten in einen eigenartigen Raum ohne Tür und Fenster. Bald verzerren sich die Wände und die Porträts der Braut auf bizarre Weise. Der Spuk-Gastgeber wettet mit seinen Besuchern, daß sie keinen anderen Ausgang finden werden als den, den er ihnen vorschlägt. In eines von 130 *Doom buggies* (kleine Wagen für zwei oder drei Personen, die sich automatisch fortbewegen) verfrachtet, werden die Gäste alsdann zu einem düsteren Fest geleitet. Nichts fehlt: hämisch grinsende Skelette, Spinnennetze, die jeden Moment auf Ihren Kopf fallen können, Gewittergrollen, staubige Kandelaber, unheilbringende Raben, eine Uhr, die die dreizehnte Stunde schlägt, Walzer tanzende Geister im Ballkleid. Porträts verändern sich vor Ihren Augen, Kadaver steigen aus ihren Gräbern . . . mit einer eigenartigen Geste zur Kristallkugel weisend, vor der eine Wahrsagerin unablässig ihre Beschwörungen hervorstößt. Wer glaubt, der Alptraum habe hier seinen Höhepunkt erreicht, sieht sich wiederum getäuscht. Die Besucher dringen nun in die Katakomben ein, ehe sie die tote Stadt vom Phantom Canyon entdecken, in der die Bankräuber noch immer versuchen, ihrem Schicksal zu entgehen. Ein letztes Erdbeben noch, und dann sind Sie in Sicherheit! Endlich ... vielleicht ...

Für dieses prächtige Spektakel werden 92 Audio-Animatronics und einige hundert bewegliche Accessoires in Gang gesetzt, nicht zu reden von den Spezialeffekten. Dies ist der einzige Ort im Disneyland Paris, wo die *Cast Members* gebeten werden, nicht zu lächeln. Phantom Manor ist nicht das erste Spukschloß Disneys. Die Parks in Kalifornien, Florida und Japan haben auch je eines. Sie gehören überall zu den beliebtesten Attraktionen. Beachten Sie, daß einige Szenen Kinder erschrecken könnten. *Linker Hand neben der Anlegestelle der Raddampfer*

River Rogue Keelboats

Der »Raccoon« und der »Coyote« ähneln jenen aus allen möglichen Materialien zusammengezimmerten Booten, die im 18. Jh. auf den amerikanischen Flüssen umherfuhren. Einstiegspunkt ist Smuggler's Cove, der Sammelplatz der Piraten, Trapper und Pelzhändler der Region. *Smuggler's Cove liegt etwas hinter dem Eingang zum Big Thunder Mountain. Die Fahrt (nur bei gutem Wetter und nur in der Sommersaison) dauert etwa zehn Minuten. Die Route ist die gleiche wie die der Raddampfer.*

Rivers of the Far West

Während ihrer Streifzüge durch die großen Ebenen—stets auf der Suche nach Gold — errichteten die Pioniere ihre Städte meist an den großen Flüssen des Westens: dem Colorado, dem Rio Grande, dem Sacramento. Als Erinnerung an diese mythischen Siedlungsorte wurde Thunder Mesa

am Wasser, genauer: an den Ufern der Rivers of the Far West gebaut. Wer diese Flüsse rund um den Big Thunder Mountain per Schiff erobern will, hat die Wahl zwischen zwei Transportmöglichkeiten: Zwei wunderschöne Raddampfer (Mark Twain und Molly Brown genannt) und zwei Kielboote (River Rogue Keelboats) liegen bereit.

Rustler Roundup Shootin' Gallery

Diese Schießbude mit ihrer alten Fassade aus rotem Holz liegt an den Uferhängen der Rivers of the Far West. 74 Schießscheiben sind in einer Zeichentricklandschaft angebracht. Die 20 Gewehre (mit Schall- und Rückstoßeffekten) sind Reproduktionen von Waffen, die seinerzeit wirklich im Wilden Westen benutzt wurden. Jeder Treffer löst eine lustige Sequenz mit akustischer Untermalung aus. *Dies ist die einzige Attraktion im Themenpark, die extra bezahlt werden muß: 10 FF pro Spiel. Die Gewehre funktionieren mit Geldstücken.*

ADVENTURELAND

Dieses Land, das sich an die Main Street anschließt, ist den Forschern aller Schattierungen, den Abenteurern und Schatzsuchern, den Piraten und Schiffbrüchigen gewidmet, all jenen, die auf eine weite Reise gehen — eine echte oder eingebildete. Besondere Beachtung wird Afrika und Arabien zuteil. Freilich nicht den Kontinenten von heute, sondern den von Literatur und Mythen verewigten Ländern, den Territorien aus den großen Forschungsberichten des 19. Jhs., den Gegenden aus Tau-

Die Kanonen der Galeone von Käpt'n Hook

sendundeiner Nacht, den unberührten Ländern, in denen sich die Phantasien der Kinder bewegen. Wenn die schmachtenden Gesänge der Ali Baba Street Musicians im Adventureland Bazar oder die karibischen Rhythmen des Blue Lagoon Trios im gleichnamigen Restaurant Ihnen jeden Sinn für die Realität geraubt haben, bringt das kräftige afrikanische Tamtam neben dem Restaurant Hakuna Matata Ihnen Ihren Verstand zurück. Wer ein wenig länger in der Nähe des Schiffs von Käpt'n Hook verweilt, wird vielleicht die Gelegenheit haben, einem heftigen Kampf zwischen den Piraten und Peter Pan beizuwohnen.

Adventure Isle

♣ ⚐ Die Insel besteht aus zwei Teilen, die durch drei Brücken miteinander verbunden sind: eine 30 Meter lange Hängebrücke für die Kühnsten, eine schwimmende Brücke aus Fässern, über die man zum Schiffswrack der Robinsons gelangt, und eine Holzbrücke, die ein beschaulicheres Hinübergehen erlaubt. Der nördliche Teil der Insel imitiert die Kulissen der »Schatzinsel«, jenes Films, den Disney 1950 nach dem bekannten Roman von Robert Louis Stevenson drehte. Wasserfälle stürzen in eine tropisch anmutende Vegetation. Es erforderte hier viel Sachkenntnis, Pflanzen auszuwählen, die denen auf tropischen Inseln ähneln, gleichzeitig aber das Pariser Klima aushalten. Im Sommer holt man Bananenstauden und andere tropische Pflanzen aus den Treibhäusern, um die Landschaft zu vervollständigen. Die Granitblöcke hingegen sind vollkommen künstlich. Wenn der Totenkopffelsen (Skull Rock) mit seinen zwölf Metern Höhe Sie äußerlich nicht genug beeindruckt, sollten Sie all seine finsteren Höhlen erforschen — aber sehen Sie sich vor! Man sagt, daß dort die Geister von Käpt'n Flint und einigen seiner Leute spuken. In der Cannonball Cove liegt die Galeone von Käpt'n Hook (Captain Hook's Galley) vor Anker und lädt Hungrige zu einer köstlichen Pause. Die Insel wird vor allem Kindern zwischen sechs und zwölf Jahren (häufig mehr den Jungs als den Mädchen) gefallen. *Man erreicht Adventure Isle von der benachbarten Insel der Robinsons oder vom Fluß, gegenüber von Pirates of the Caribbean.*

La Cabane des Robinson

⚐ Südlich der Adventure Isle herrscht die Stimmung des Disney-Films »Die Schweizer Familie Robinson«. Auf dem höchsten Punkt, etwa 30 Meter über dem Wasser, steht die Hütte, die die Robinsons nach ihrem Schiffbruch bauten. Von der Behausung, die in einem enormen Banyanbaum (das Ganze wiegt mehr als 175 Tonnen) errichtet wurde, hat man eine wunderschöne Aussicht auf die Adventure Isle. Den Gipfel erreicht man über eine Wendeltreppe. Der Baum, eine Holz-, Eisen- und Glasfaserkonstruktion, ist vollkommen künstlich. Man mußte Stück für Stück jedes der 360 000 Blätter und mehr als 19 000 Plastikblüten (made in Hongkong) einzeln an ihm anbringen.

Die Hütte hat mehrere Räume, eingerichtet ganz nach dem Geschmack der Familie Robinson. Alles wurde so belassen, als kehrten sie jeden Moment von einem kleinen Jagdausflug zurück. Im Erdgeschoß befinden sich die Bibliothek mit ein paar Büchern, die beim Schiffbruch gerettet werden konnten, und die Küche. Zwischen den beiden Räumen stehen ein paar Fernrohre, durch die man eventuell eintreffende Piraten sehen kann. Im ersten Stock ist das Wohnzimmer der Robinsons im Bambuslook mit einer geretteten Drehorgel, die »The Swiskapolka« spielt. In den oberen Etagen liegen die Zimmer der Eltern und Söhne – ebenfalls ganz aus Bambus.

Ein trickreiches Wasserrad versorgt das ganze Gebäude mit Wasser. Unter diesem erstaunlichen Banyanbaum bleibt noch der »Bauch der Erde« (Le Ventre de la Terre) zu entdecken, ein labyrinthartiges Gewirr von Wurzeln, in dem die Vorräte der Familie gelagert werden. Um diese Szenerie zusammenzustellen, mußte man mehr als 800 Accessoires herstellen oder aufstöbern – vom Muschellöffel bis zum 900 Kilogramm schweren Anker mit echtem Muschelbesatz. *Aufgang über mehrere Brücken von der Adventure Isle oder der Küste*

Indiana Jones et le Temple du Péril

Die neueste Attraktion im Adventureland ist der »Tempel der Gefahr« in einer wilden Urwaldlandschaft. Man besucht zunächst ein Ausgrabungslager im Dschungel, in dem Archäologen die Schätze der »Verlorenen Stadt« bergen. Die Fahrt selbst beginnt dann am Ende einer beeindruckenden Treppe. Die waghalsigen Forscher nehmen Platz in kleinen Waggons auf einem Behelfsgleis, das auf wackeligen Gerüsten zu schwindelerregenden Aussichtspunkten und vorbei an den Ausgrabungen eines Tempels führt. Und schon stürzen Sie mit Höchstgeschwindigkeit fast zwei Minuten lang hinunter, bis Sie den kleinen 360-Grad-Looping erreicht haben, den Sie schon in der Warteschlange von nahem gesehen haben. Wenn Sie sich nicht fit fühlen, verzichten Sie lieber: Diese Achterbahn, im Design übrigens akkurat dem Dekor des gleichnamigen Films nachempfunden, ist nämlich die gewaltigste des Parks, und Sie müssen sich auf heftige Erschütterungen gefaßt machen. *Indiana Jones et le Temple du Péril befindet sich ganz links im Adventureland. Die Fahrt ist nicht zugelassen für Kinder, die jünger als acht Jahre oder kleiner als 1,40 Meter sind, sowie für Schwangere und alle mit körperlichen Beschwerden, die durch die Fahrt verschlimmert werden könnten (zum Beispiel Personen mit empfindlichem Rücken).*

Le Passage Enchanté d'Aladdin

In einem orientalisch anmutenden Gemäuer neben einem Basar sind links und rechts eines düsteren und gewundenen Ganges Vitrinen aufgestellt, in denen in kleinen Trickfilmen die wichtigsten Szenen aus »Aladdin« gezeigt werden. Die in einen Blauschimmer getauchte Atmosphäre wie aus Tausendundeiner Nacht ist äußerst gelungen. Dieser Spaziergang wird besonders die Jüngsten und die echten Disney-Fans begeistern — und eine Warteschlange gibt es auch nicht. *Zugang im Adventureland gleich hinter der Central Plaza*

Pirates of the Caribbean

★ Das Geschehen spielt in der Nacht, irgendwo im Meer bei den Antillen zur Zeit des berühmten schottischen Piraten Käpt'n Kidd, der das Gebiet in der zweiten Hälfte des 17. Jhs. unsicher machte. Die Passagiere steigen in ein ziemlich großes Boot, das zunächst an dem Wrack einer Galeone vorbeifährt, die nunmehr einem Kraken als Schlupfwinkel dient, und überqueren dann den Oberlauf eines Wasserfalls, ehe sie in die unteren Gefilde der Reise vorstoßen. Jetzt befinden sich die Passagiere plötzlich mitten im Geschehen: Ein Fort wird von einer Piratenbande der übelsten Sorte angegriffen. Der Kampf wütet: Kanonenkugeln pfeifen — das Schiff nur um Haaresbreite verfehlend — den unerwünschten Zuschauern um die Ohren. Doch plötzlich bricht ein Feuer aus: Das Waffenlager steht in Flammen. Das Schiff hat gerade noch Zeit abzudrehen, ehe alles explodiert.

Jetzt, in der Grotte, in die das Schiff ruhig einläuft, verstummen die prahlerischen Piraten zu düsteren Skeletten, die ihre unnütz gewordenen Reichtümer bewachen. Diese zuerst

1967 für das amerikanische Disneyland hergestellte Attraktion funktioniert in Frankreich mit den perfektesten Audio-Animatronics der ganz neuen Generation. *Pirates of the Caribbean befindet sich gegenüber der Adventure Isle, ganz am Ende des Adventureland auf der rechten Seite. Die Attraktion, die sich vollständig unter der Erde abspielt, ist nicht geeignet für Personen mit Klaustrophobie.*

In diesem Märchenland herrscht fröhliche Stimmung. Alles hier ist lustig, bunt, frisch und schick. Der kleine Bahnhof (Fantasyland Station) im viktorianischen Stil ist in der Art der Abenteuer Peter Pans ausgestattet. Das Schloß von Dornröschen wirkt wie aus Puderzucker. Derweil macht sich in Alice's Labyrinth die Katze aus Cheshire über ernsthafte Leute lustig, die den Ausgang suchen. Hier und dort trifft man natürlich auch ein paar unheilbringende Hexen, den furchterregenden Stromboli und den alten Käpt'n Hook — aber die Kinder merken genau, daß alles nur ein Spaß ist.

Da sich Walt Disney nun einmal in Europa befand, bot sich endlich die Gelegenheit, all jene europäischen Autoren zu würdigen, die ihn bei seinen Zeichentrickfilmen inspiriert hatten: Charles Perrault natürlich, aber auch Carlo Collodi, Lewis Carroll und James Matthew Barrie.

So schlendert durch dieses Wunderland bisweilen ein Troubadour, der mit seiner Laute die Gäste der Auberge de Cendrillon bezaubert, einige Figuren aus »Mary Poppins« singen traditionsreiche englische Lieder und Songs aus Filmen wie »Jolly Holiday« oder das berühmte »Supercalifragilisticexpealidocious«.

Merlin und sein Gefährte sind unterdessen auf der Suche nach einem Kind, das über magische Kräfte verfügt, um Excalibur, das Schwert des Königs Artus, dem Felsen zu entreißen.

1995 sind im Fantasyland zwei neue Attraktionen eröffnet worden: der Zirkuszug Le Petit Train du Cirque Casey Junior und das Märchenland Le Pays des Contes de Fées, das Szenen aus den Disney-Filmen zum Thema hat.

Alice's Curious Labyrinth

◁▷ Wege und Umwege muß Alice gehen, wenn sie eines Tages das so nah scheinende Schloß erreichen will. Wenn man das Labyrinth erfolgreich verlassen möchte, ist das Schloß der Herzkönigin das Ziel, das man erreichen muß. Das Labyrinth besteht aus 2000 Lebensbäumen (Thujapflanzen). Figuren und Szenen aus dem Trickfilm markieren den Wegverlauf. Vom Schloßbalkon der Herzkönigin hat man einen schönen Ausblick über Fantasyland. *Das Labyrinth liegt gleich links, wenn man den Bahnhof des Fantasylandes verläßt. Man braucht etwa 30 Minuten, um das Ende all seiner Irrwege zu erreichen (wenn man richtig gut ist, nur 20 Minuten).*

Casey Jr., der kleine Zirkuszug (Le Petit Train du Cirque)

Dieser lustige kleine Zug ist nach dem Vorbild des Disney-Films »Dumbo« konstruiert — die kurvenreiche Fahrt ist eine Attraktion für alle Familien mit kleinen Kindern. Die Strecke verläuft zwar oberhalb des Pays des Contes de Fées, der Zug ist jedoch zu schnell, als daß man während der Fahrt viel erkennen könnte.

Dornröschens Galerie (La Galerie de la Belle au Bois Dormant)

Die Galerie im ersten Stock des Dornröschenschlosses ist wirklich märchenhaft. Auf handgewebten Wandteppichen wird die Geschichte von Dornröschen erzählt. Bis zu einem Monat arbeiteten die Weber an einem einzigen Quadratmeter. Außerdem erzählen ebenfalls handgefertigte Glasfenster und mit Blattgold verzierte Märchenbücher Szenen aus Walt Disneys »Dornröschen«-Film.

Dornröschens Schloß (Le Château de La Belle au Bois Dormant)

⚥ ◁▷ Die 16 grünblauen Türmchen des Schlosses sind von Wetterfahnen und fein vergoldeten, historischen Königsbannern gekrönt. Die Gesamthöhe des Schlosses beträgt 45 Meter. In der Musik werden Sie das Ballett von Tschaikowsky wiedererkennen. Von der äußeren Galerie im ersten Stock überblickt man ganz Fantasyland. Noch beeindruckender ist die Tanière du Dragon (Höhle des Drachen) unter dem Hauptturm. Hier schlummert im Rauch seines Refugiums, in das schwärzliches Wasser sickert, das bewegliche Monster, 27 Meter lang und mehr als zwei Tonnen schwer. Es knurrt, grummelt und pustet Qualm vor Zorn über seine Gefangenschaft. Gnade dem, der es wagt, seine Träume zu stören. *Der Eingang ist durch den Vorhof des Schlosses, durch den Westflügel, über den Weg, der unter der Zugbrücke durchführt, oder auch das Geschäft Merlin l'Enchanteur möglich. Ein Aufzug steht nur Behinderten zur Verfügung.*

Dumbo the Flying Elephant

★ ✝ Dies ist gewiß die Lieblingsattraktion der jüngsten Kinder, die auch gerne in Kauf nehmen, eine Weile warten zu müssen, ehe sie an Bord eines der 16 hellbunt bemalten Elefanten gen Himmel fliegen. Man muß sagen, daß Dumbo kein Karussell im klassischen Sinn ist, da jeder Passagier dank eines Hebels seinen Elefanten ganz nach Bedarf steigen oder sinken lassen kann. Für Dreijährige ist Dumbo ein beeindruckendes Flugerlebnis! Vermutlich wird mehr als ein Bambino mit den Füßen stampfen, um sich gleich anschließend eine zweite Tour zu ertrotzen. Man muß sich dann aber wieder hinten anstellen. Einzige Lösung (geheimzuhalten!): Je ein Elternteil stellt sich im Abstand von 50 Leuten in die Schlange. *Dumbo liegt in der Mitte des Fantasylandes. Auf jedem Gerät haben zwei Personen Platz. Die Fahrt dauert drei Minuten. Dumbo ist für Kleinkinder unter einem Jahr verboten.*

Fantasy Festival Stage

Auf dieser Bühne treten abwechselnd Micky und seine Freunde und Figuren aus den verschiedenen Filmen der Disney-Studios in »Theater-im-Theater«-Vorstellungen auf. Zur Weihnachtszeit werden neue, bis dahin noch nicht aufgeführte Stücke vorgestellt. In der übrigen Zeit können Sie z. B. »Auf die Bühne, bitte!« sehen. In dieser musikalischen Komödie wird das Programm von Micky und Co. durch einen überraschenden Besuch schwer durcheinandergewirbelt. Oder Sie haben das Glück und am Tag Ihres Besuches wird »C'est magique« gespielt, ein Musical im Broadway-Stil, das die Gäste auf eine Reise schickt, und zwar ins Innere des Magischen Königreiches: Als souveräner Spielleiter führt Micky Maus seine Truppe durch die fünf Länder. Insgesamt mehr als 100 Gestalten lassen Disneys Träume und Phantasien zum Leben auferstehen. *Fantasy Festival Stage befindet sich gleich neben dem Bahnhof von Fantasyland, hinter Alice's Curious Labyrinth. Die Vorstellung, die speziell für Kinder gedacht ist, dauert ungefähr eine halbe Stunde und beginnt fünfmal am Tag. Eine Reservierung ist nicht erforderlich. Genauere Informationen im Veranstaltungsprogramm*

It's a Small World

✝ Diese Vorstellung mit beweglichen Puppen, die die Nationaltrachten ihrer Länder tragen, ist eine Hymne auf die Kinder der Welt. Die Melodie, die alle kennen, ist das Werk von Richard und Robert Sherman, die auch die Musik zu »Mary Poppins« und einigen anderen Disney-Filmen schrieben. Man steigt in ein Bötchen, das leise über einen türkisfarbenen Fluß gleitet und dabei durch die bekanntesten Länder der ganzen Welt fährt: Man sieht den Eiffelturm mit den kleinen Pariserinnen, die Cancan tanzen, Venedig und seine Gondolieri, Kleopatra am Nil, Hawaii mit seinen Surfern und vieles mehr. *It's a Small World liegt am Ende von Fantasyland, rechts von Les Pirouettes du Vieux Moulin. Der Ausflug dauert ungefähr fünf Minuten.*

Lancelots Karussell
(Le Carrousel de Lancelot)

Mit bestickten Umhängen wie für einen fürstlichen Wettkampf geschmückt, drehen und erheben sich 86 Pferde in dieser Manege, die eine der größten der Welt ist. An sich handelt es sich nicht um ein Karussell im eigentlichen Sinne, denn die Pferde können alle den Boden verlassen. Um die 17 schönsten Pferde dieser Attraktion herzustellen, waren drei Handwerksmeister notwendig, die fähig waren, mit Linden- oder Pappelholz zu modellieren. Jedes einzelne wiegt 115 Kilogramm und erforderte fast einen Monat Arbeit. Die übrigen Pferde kommen aus den Vereinigten Staaten. Als Fries erinnern die Medaillons an die reiterischen Heldentaten von Lancelot vom See. *Lancelots Karussell befindet sich genau hinter Dornröschens Schloß.*

Mad Hatter's Tea Cups

☆ »Mit Tüllen und Henkeln tanzend, zwischen den Zuckerdosen und den jungen Teetassen, die noch Milch trinken, leitet eine gut beschürzte alte Teekanne den Tanz.« Diese Szene ereignet sich auf der Feier der Teekannen, wo der Märzhase herrscht: Wir sind natürlich bei Alice im Wunderland. Hier sind die Autoskooter durch Teetassen ersetzt, die sich um sich selbst drehen. Die Gäste nehmen zu viert in einer Tasse Platz. In der Mitte kann man mit einem Lenkrad die Geschwindigkeit bestimmen. Wehe dem, der schwindlig oder »drehkrank« wird. *Mad Hatter's Tea Cups finden Sie in der Mitte von Fantasyland, rechts von Dumbo the Flying Elephant*

Märchenland
(Le Pays des Contes de Fées)

★ In einem kleinen Boot sitzend, können Sie an den Ufern eines kreisförmigen Flüßchens kleine Märchenszenen sehen, die die Vorlage für die entsprechenden Zeichentrickfilme waren: »Die Schöne und das Biest« und »Schneewittchen«, natürlich »Aladdin« etc. Auch Hänsel und Gretel mit ihrem Lebkuchenhäuschen wurden nicht vergessen, und »Peter und der Wolf« begegnen Ihnen in einer verschneiten Winterlandschaft. Jede Szene wird von ihrem eigenen musikalischen Thema begleitet, was den Zauber der kleinen Flußfahrt noch steigert. *Le Pays des Contes de Fées liegt hinter Les Pirouettes du Vieux Moulin jenseits des Eisenbahnrings der Disneyland Railroad.*

Peter Pan's Flight

An Bord kleiner Piratengaleonen entschwebt man mit Peter Pan durch die Nacht in Richtung Niemalsland (Never Land). Peter Pan's Flight, bei dem insgesamt 28 Zeichentrickfiguren mitspielen, wurde mehr von Walt Disneys Film als von J. M. Barries Buch beeinflußt. Wie Pinocchio und Schneewittchen spielt sich auch dieses Spektakel bei Ultraviolettlicht ab. *Links von Dumbo the Flying Elephant, neben dem Toad Hall Restaurant*

Pinocchios Reisen
(Les Voyages de Pinocchio)

Im Theater von Herrn Stromboli scheint Pinocchio völlig glücklich das Lied »I've got no string to hold me down« zu singen. Aber hinter den Kulissen ist die Wirklichkeit weniger hübsch.

Stromboli, dieser diabolische Impresario, hält seine Leute streng eingesperrt. Stromboli könnte versuchen, Sie auf die gleiche Weise gefangenzunehmen. Es beginnt eine Reihe von Reisen. Pinocchio fährt auf eine verzauberte Insel, wo man angeblich nichts tut, als sich zu amüsieren, wie die Bösen versichern. Doch in Wirklichkeit werden Kinder dort in Esel verwandelt und in ein Salzbergwerk geschickt. Pinocchio wird noch Monstro, den Walfisch (im Buch von Collodi ist es ein Hai), besiegen müssen, um Geppetto zu befreien, bevor die Blaue Fee, »die geradewegs vom Stern der Wünsche kommt«, die reumütige Marionette mit ihrem Zauberstab berührt und in einen echten kleinen Jungen verwandelt. *Hinter Dornröschens Schloß auf der linken Seite, gleich hinter Schneewittchen und den Sieben Zwergen*

Les Pirouettes du Vieux Moulin

Dieses Riesenrad besteht aus acht großen Holzbottichen, in denen jeweils fünf Personen Platz haben. Wenn man in seinem Zuber gerade oben ist, hat man aus zwölf Meter Höhe einen schönen ❀ Blick über Fantasyland und den Themenpark. *Direkt neben dem Imbißlokal The Old Mill*

Schloßtheater (Le Théâtre du Château)

★ Auf der Bühne dieses Freilufttheaters gleich neben dem Schloß beginnt Micky, die Geschichte von seinem Zauberbuch zu erzählen. Dann öffnet sich ein Zeichentrickbuch gigantischen Ausmaßes – ein Meisterwerk, das wir der Phantasie von Jan Pienkowski verdanken, der auch sonst Zeichentrickautor ist, aber normalerweise in klassischeren Dimensionen arbeitet. Jede Doppelseite zeigt ein dreidimensional wirkendes Bild aus den Märchen Perraults. Tänzer und Schauspieler betreten die Bühne. *Die Vorstellung findet weder im Winter noch bei Regen statt. Sonst wird fünfmal täglich 20 Minuten lang gespielt. Keine Reservierungen. Informationen im Veranstaltungsprogramm*

Schneewittchen und die Sieben Zwerge (Blanche-Neige et les Sept Nains)

🛉 In einem kleinen Zug verläßt man das schmucke Haus der Sieben Zwerge und erreicht das Dämmerlicht der Mine, in der Schneewittchens Freunde arbeiten. Vorsicht: Der Wald ist übersät mit Fallen, und die Hexe streunt mit ihren schönen vergifteten Äpfeln herum. Die Zwerge brauchen vielleicht Ihre Hilfe, um sich das Weib vom Hals zu schaffen. Aber die Kleinen können gewiß sein, daß – nach einigen Schreckmomenten – alles gut ausgeht. Ein empfehlenswertes Spektakel für Jungen und Mädchen zwischen sechs und zehn Jahren. *Links, gleich hinter dem Schloß von Dornröschen*

Das Land ist voll und ganz den Zukunftsforschern, verrückten Wissenschaftlern, genialen Bastlern, kühnen Sternfahrern und Erfindern eigenartiger Maschinen gewidmet, kurz, den Poeten, die ganz nach ihrer Vorstellung das Universum zu ergründen suchen. Der fremdartige Faun, der im Discoveryland spukt, kommt direkt aus den Science-fiction-Comics, den Zukunftsgeschichten der fünfziger Jahre, aus dem »Krieg der Sterne«, aus der Weltraumeroberung, aber auch aus den alten Skizzen von Leonardo da Vinci.

L'Astroport Services Interstellaires

Hier können Sie sich auf eine Reise durch die Galaxie begeben. ROX-N, eine fünfsprachige Audio-Animatronics-Dame, erklärt Ihnen die verschiedenen Computersysteme, die mit Sensorbildschirmen und Spracherkennungsmodulen arbeiten. Im Photomorph z. B. können Sie ein Paßfoto machen lassen, das auf einem riesigen Bildschirm erscheint. Durch Fingerdruck können Sie Ihre Gesichtszüge darauf so verändern, daß Sie dem Anlaß entsprechend wirklich ko(s)misch aussehen. Außerdem können Sie sich von einem Computer Ihr neues, galaktisches Persönlichkeitsprofil erstellen lassen. Oder Sie nehmen die Dienste der Weltraumflugschule Star Course in Anspruch. Jeweils elf Flugschüler lenken ihren Flugkörper über die Milchstraße. *Am Ausgang von Star Tours, nicht weit von der Discoveryland Station. Die Weltraumflugschule nimmt nur Personen auf, die mindestens 1,02 m groß sind.*

Autopia

Autopia ist eine Autoreise durch utopische Landschaften auf den Straßen der Zukunft. Die 125 in Italien hergestellten Rennwagen erinnern an die Science-fiction-Filme der fünfziger Jahre. Ihre Motoren sind benzingetrieben, aber die Höchstgeschwindigkeit ist auf atemberaubende zehn Kilometer pro Stunde begrenzt. *Autopia liegt ganz rechts im Discoveryland. In jedem Wagen fahren zwei Personen. Dauer der Tour: drei bis vier Minuten. Die Fahrt ist für Kinder unter einem Jahr bzw. unter 1,32 m verboten, Personen mit Wirbelsäulenschäden und Schwangeren wird von der Fahrt abgeraten.*

CinéMagique

★ Wenn Sie noch nie in einem 3-D-Film (dreidimensional, man muß eine Spezialbrille aufsetzen) gewesen sind, werden Sie nicht enttäuscht sein. Wenn Sie Michael Jackson mögen, ebenfalls nicht. Und noch weniger, wenn Sie intergalaktische Reisen und Comics mögen.

Der Film »Captain EO« wurde unter Mithilfe von George Lucas und Francis Ford Coppola gedreht. Das Drehbuch: Captain EO (Michael Jackson) und sein Gefolge machen sich auf zu einem Streifzug durch die Galaxien, wo sie einen Planeten entdecken, auf dem es keine Farben gibt und eine unheilvolle Königin (Anjelica Huston) regiert, die Herrin der Mächte des Dunkels. *Neben den Star Tours, beim Bahnhof der Disneyland Railroad. Der Saal hat 695 Plätze. Der Film dauert 17 Minuten und läuft nonstop.*

Die Geheimnisse des Nautilus (Les Mystères du Nautilus)

Das berühmte U-Boot von Kapitän Nemo — aus dem Film »20 000 Meilen unterm Meer« nach Jules Verne — wird von einem Leuchtturm am Rand des neu angelegten Sees betreten. Entdecken Sie bei einem Rundgang die Bibliothek und das Zimmer des Kapitäns, den Salon —

und erschrecken Sie nicht, wenn das U-Boot plötzlich Beute eines gigantischen Kraken wird ... *Am Fuß von Space Mountain*

Orbitron – Machines Volantes

Ein Karussell mit zwölf kleinen Raumschiffen, die man selbst mitten durch Planeten

Futuristische Konstruktionen über dem Festival Disney

und Sternbilder steuert, die sich in entgegengesetzter Richtung drehen. Die Umlaufbahnen kreuzen sich und scheinen sich jeden Moment zu berühren. Einem Zusammenstoß entgeht man nur durch bestes Augenmaß. Wie in »Dumbo the Flying Elephant« kann der Fahrer seine Rakete nach eigenem Geschmack heben und senken. Im Raumfahrtkarussell kann man Discoveryland und das ganze Magische Königreich von oben entdecken. *Gleich hinter dem Visionarium, zwischen Videopolis und Autopia. Zwei Personen passen in jedes Raumschiff. Mindestalter ein Jahr*

Space Mountain – De la Terre à la Lune

Im Gegensatz zu den übrigen Berg-und-Tal-Bahnen des Parks haben wir bei Space Mountain von außen keinerlei Vorstellung davon, was wohl hinter der Metallhülle passieren mag. Sicher,

man hört alle 30 Sekunden eine Explosion, man sieht die Raketenkapseln (jede ist mit 24 Personen besetzt), die aus dem enormen Rohr einer in den Himmel gerichteten Kanone katapultiert werden — aber hier, nach der Kanone, geht es ja erst richtig los!

Auf dem 1 km langen Parcours passiert man extrem geneigte Kurven, atemraubende Abfahrten, Momente der Schwerelosigkeit und drei Abschnitte, wo man Hals über Kopf steht ... All das ist akustisch so perfekt untermalt und geschieht mit einer solchen Geschwindigkeit (bis zu 70 km/h), dazu noch im absoluten Schwarz, wo nur ein paar große Sterne funkeln, daß man gar keine Zeit hat, Angst zu bekommen. Besuchen Sie, bevor Sie sich ins Abenteuer stürzen, die Aussichtsgalerie, die parallel zur Warteschlange angelegt wurde: Von dort können Sie die galaktische Dekoration bewundern, durch die mit leuchtenden Konturen die Raumkapseln wie Blitze hindurchschießen; und wenn Sie lieber auf die Mondfahrt verzichten wollen — lesen Sie statt dessen einfach noch einmal den Roman von Jules Verne. *Space Mountain sehen Sie schon vom Eingang ins Discoveryland. Die Fahrt ist nicht zugelassen für Schwangere, für Personen mit Schäden der Wirbelsäule, für Kinder unter zehn Jahren bzw. unter 1,40 Meter Körpergröße. Die Passagiere sollten Brillen, Ohrringe und Zahnspangen ablegen.*

Star Tours

Im Hangar dieser Raumfahrtstation, in dem Roboter am Starspeeder arbeiten, treffen Sie zwei Stars aus dem George-Lucas-Film »Krieg der Sterne«:

R2D2 und ZGPO. Dann werden Sie eingeladen, in einem von sechs Raumschiffen (in Wirklichkeit Flugsimulatoren mit je 40 Plätzen) eine kleine, intergalaktische Spritztour zu unternehmen. Der Pilot, ein spaßiger Roboter namens RX24 (seine Freunde nennen ihn Rex), kündigt Ihnen gleich zu Beginn an, daß dies auch seine erste Reise ins All ist. Nicht sehr beruhigend, zumal die Maschine, Sie merken es gleich, mit ungeheurer Beschleunigungskraft ausgestattet ist und die unangenehme Fähigkeit besitzt, sich um 90 Grad zu drehen. Die Fans von »Star Wars« werden ihr geliebtes Universum wiedererkennen, einen Meteoritenhagel erleben, die Schlachten beim Schwarzen Stern erleben – zehn Minuten unbändige Freude. *Diese Attraktion gehört zu den beliebtesten im Park. Die Warteschlangen sind zur Essenszeit kürzer. Vorsicht: Wenn Sie einen empfindlichen Rücken haben oder ein Baby erwarten, ist dieses Spektakel mit Sicherheit nicht zu empfehlen. Kinder unter drei Jahren dürfen nicht hinein. Star Tours liegt beim Bahnhof der Disneyland Railroad.*

Videopolis

Das Hyperion, ein 35 Meter langes Luftschiff, markiert den Eingang von Videopolis. Die Vorstellung selbst erinnert an einen dreidimensionalen Videoclip. Das Drehbuch geizt nicht mit Spezialeffekten: Laser, Rauch und andere pyrotechnische Zaubereien. Etwa zwanzig Tänzer entführen die Zuschauer auf eine Reise zu den Sternen und in Unterwasserwelten: Besuch auf dem Mond, Landung auf der Sonne, Abenteuer in den Ozea-

nen und Rückkehr auf die Erde. Am Ende dürfen die Gäste von ihren Plätzen aufstehen und sich selbst vor der Bühne austoben. Ein lebhafter Erfolg bei den 15- bis 20jährigen. *Links hinter dem Visionarium. Die Vorstellung dauert 20 bis 25 Minuten. Keine Reservierung. Informationen im Veranstaltungsprogramm. Man kann während der Vorstellung einen Imbiß nehmen (bestellt wird im Café Hyperion, links beim Eingang).*

Le Visionarium

★ Das Visionarium bildet als riesiges, kreisförmiges Gebäude den Eingang des Discoverylandes. Thema dieser Attraktion sind diverse technische Erfindungen, die das Leben der Menschen verändert haben. Gezeigt werden alle Arten von Flugmaschinen und einige andere geniale Erfindungen. Anschließend sind die Besucher aufgefordert, sich um eine erstaunliche Maschine zu versammeln, die die Zeit zurückdreht. Sie sehen einen spektakulären Film mit internationaler Starbesetzung auf einer 360-Grad-Leinwand. Gedreht wurde in Frankreich, England, Italien und Österreich, mit einigen Einstellungen von den Bahamas und sogar aus Moskau. Der Zuschauer glaubt sich auf einer Reise durch Vergangenheit, Gegenwart und Zukunft. Jules Verne (gespielt von Michel Piccoli) ist der Hauptdarsteller, der auf seiner Reise Dinosaurier, Mozart, den Eiffelturm, die Place de la Concorde und vieles andere wiederfindet. *Am Eingang vom Discoveryland, ganz in der Nähe der Central Plaza. Der Film dauert 20 Minuten. 843 Zuschauer passen in den Saal.*

Wohin gehen wir essen?

Bars, Restaurants und Eiscafés aus allen Ecken der Vereinigten Staaten

In diesem Kapitel behandeln wir zuerst die Restaurants im Themenpark (und die man nur betreten kann, nachdem man bezahlt hat), dann die Hotelrestaurants und schließlich die Restaurants des Festival Disney. Letztere dürften vor allem Paris-Touristen interessieren, die Lust haben, nur eine Stunde von der Hauptstadt entfernt einen amerikanischen Abend zu erleben.

Natürlich sind die 28 Restaurants und Imbißlokale des Themenparks vor allem amerikanisch. Aber Sie werden Gelegenheit haben festzustellen, daß sich die Überseeküche nicht auf die ewige Kombination »Hamburger mit Fritten, Ketchup und kalter Cola« beschränkt. Die Palette der Menüs ist recht vielseitig. Vom Lucky Nugget Saloon bis zum Last Chance Café wurde jedes Etablissement so entworfen, daß sich Feier und Zerstreuung in ihnen fortsetzen. Ausstattung, Kleidung des Personals, die Namen der Gerichte, gastronomische Spezialitäten — alles ist darauf ausgerichtet, die Illusion zu vermitteln, anderswo zu sein in diesem Jahrhundert oder einem vorangegangenen. Im Colonel Hathi's Pizza Outpost essen Sie zwischen in den Tropen verschollenen Abenteurern, im Café Hyperion sollten Sie sich den Gesichtsausdruck eines blasierten Astronauten zulegen, im Blue Lagoon träumen Sie unter einem unendlichen Sternenhimmel, während im Cowboy Cookout Barbecue Ihr Stetson und Ihre Westernstiefel auf jeden Fall angebracht sind.

Man ist hier, um sich zu stärken, aber auch, um sich zu amüsieren. Außerdem werden Sie, wenn Sie genau darauf achten, feststellen, daß Sie nichts von all dem zu sich nehmen, was Sie normalerweise essen. Die Chefköche des Parks haben mehr als tausend Rezepte entwickelt. In der Auswahl: *Sandwich Pastrami*, das in New York die Stelle des hiesigen Schinkenbrots einnimmt, geräucherte Hähnchen auf Cowboy-Art, *Sundaes* (eine phantastische Komposition aus Eis, Früchten und Süßem), das sich die kleinen Mädchen im Mittleren Westen schmecken lassen, köstliche T-Bone-Steaks vom Holzkohlenfeuer oder gut

Essen und Trinken: Nicht nur für die kleinen Süßmäuler ist etwas dabei

gewürzte *Fajitas* aus der texanisch-mexikanischen Küche ... Es gibt etwas für jeden Geschmack, jeden Appetit und jeden Geldbeutel. Je nachdem, ob es ein »Sandwich-Dessert-Getränk« auf dem Imbißtablett oder eine am Tisch servierte Mahlzeit in einem der fünf À-la-carte-Restaurants sein soll, kann sich natürlich die Rechnung schnell vervierfachen.

In den Selbstbedienungsrestaurants gibt es Menüs für 52 FF (Kinder 28 FF), in den À-la-carte-Restaurants fangen die Menüpreise bei 140 FF an.

Alkoholische Getränke gibt es – außer in den Lokalen von Festival Disney – nur in den Restaurants mit Bedienung am Tisch sowie im Plaza Gardens Restaurant. Walt Disney wünschte sich sein Magisches Königreich als Hort familiärer Freuden und moralisch sauberer Vergnügungen. Aber ein paar Zugeständnisse an europäische Gewohnheiten hat man doch gemacht...

Ein Restaurant im Themenpark bietet ein wirkliches Erlebnis-Abendessen: der Lucky Nugget Saloon. Aber mit Musikbegleitung können Sie in verschiedenen Lokalen zu Mittag oder zu Abend essen. Auf dem Programm: Ragtime in Casey's Corner, Country-music im Cowboy

MARCO POLO TIPS FÜR RESTAURANTS

1 Blue Lagoon Restaurant
Mondschein wie im Theater in tropischem Ambiente (Seite 46)

2 Cable Car Bake Shop
Wenn die Erdbeben von San Francisco Sie durcheinandergebracht haben, erholen Sie sich hier bei gutem Kuchen (Seite 50)

3 Café de la Brousse
Pfefferminztee mit Blick auf Adventure Isle (Seite 50)

4 Plaza Gardens Restaurant
Der Parade zusehen, ohne sich vom Tisch zu erheben (Seite 47)

5 Casey's Corner
Für die echten Anhänger von Baseball, Cola und Hot dogs (Seite 48)

6 Annette's Dinner
Bestes Verhältnis Qualität – Menge – Preis, Lächeln inbegriffen (Seite 55)

7 The Lucky Nugget Saloon
Tolles Spektakel und Steaks wie im Wilden Westen (Seite 47)

8 Market House Deli
Wenn man seine Sehnsucht nach New York ausleben will (Seite 49)

9 Silver Spur Steakhouse
Besonders für fleischliebende Gentlemen (Seite 47)

10 Walt's – an American Restaurant
Eine Disney-Wallfahrt, schick – aber ohne Champagner (Seite 47)

Cookout Barbecue, Mariachi im Fuente del Oro, Rumtata im Chalet de la Marionnette. Wenn Sie die Auberge de Cendrillon wählen, genießen Sie den Vorzug einer romantischen Dekoration und eines Ambiente wie in einem Märchen – garantiert ein Erfolg bei kleinen Mädchen!

Besonders erwähnt werden muß noch das Buffet des Plaza Gardens, das in der Saison während des ganzen Vormittags einen echten Brunch bereithält, manchmal sogar in der Gesellschaft einiger *Characters*: im Munde zergehende Brioches mit Zucker und Rosinen, Törtchen, French Toasts, Pfannkuchen, verschiedene Brotsorten, Honig, Konfitüre, Eier – pochiert, als Spiegelei oder Omelett, mit Würstchen oder Bacon. Kurz – eine richtige Mahlzeit, die erlaubt, das Mittagessen zu überspringen und diese Zeit für die sonst überlaufenen Attraktionen zu nutzen. Gut zu wissen: Fast alle Restaurants haben auch leichte Kost oder Gerichte mit wenig Fett (*low-fat*). Die Restaurants im Festival Disney bieten gelegentlich eine Happy hour, während der für jede Erwachsenenmahlzeit, die verzehrt wird, ein Kind unter zwölf Jahren gratis mitißt. Wenn Sie einen Geburtstag feiern möchten, können Sie natürlich eine entsprechende Torte bestellen: Wenden Sie sich einige Stunden im voraus an das Restaurant oder an die City Hall (*Tel. 64 74 30 00*).

À-LA-CARTE-RESTAURANTS

In all diesen Restaurants wird am Tisch bedient. Sie bestellen Vorspeise, Hauptgericht und even-

tuell ein Dessert sowie die Getränke. Die kleinen Brötchen mit der handgerührten Butter gleich zu Beginn gibt es umsonst – damit die knurrenden Mägen sich beruhigen. Alle Restaurants, in denen am Tisch bedient wird, nehmen Reservierungen an. Denken Sie schon zu Beginn Ihres Rundgangs durch den Park daran. Sonst können Sie darauf spekulieren, daß es vor 12 Uhr und nach 14.30 Uhr leerer ist. Mahlzeiten werden den ganzen Tag über serviert.

Auberge de Cendrillon

In ihrer romantischen Herberge erinnert Cendrillon (Aschenputtel) mit alten Rezepten vom Lande an einst: Hahn im Topf, Beinschinken in Cidre (Apfelwein) geschmort, aber auch Crêpes mit Kerbel (Dessert) und Heidelbeercreme. Oder die Kellner in Kleidung aus alten Zeiten bringen Ihnen eine Stopfleber oder ein Angusfilet. Als Dessert dürfte der »Soulier de Cendrillon« (Aschenputtels Schuh) – ein Schokoladengebäck mit Creme und Fruchtpüree – angebracht sein. Eigens in Aubusson angefertigte Wandbehänge, ein warmer Kamin und feines Porzellan machen dieses Restaurant zu einem der elegantesten des Parks. *Fantasyland, rechts hinter dem Schloß, Menü ab 140 FF, Kinder um 50 FF*

Blue Lagoon Restaurant

★ Wasserfälle, Palmen, weiße Sandstrände, ein funkelnder Mond in einer sternenerleuchteten tropischen Nacht – das Blue Lagoon versetzt Sie an irgendeine Küste der Karibik. Wenn nicht gerade das Blue Lagoon Trio seine brasilianischen oder

Calypso-Rhythmen spielt, läßt man sich einfach von karibischen Klängen, vom Meeresrauschen und dem Zirpen nächtlicher Insekten (von denen mit Sicherheit kein einziges im Raum ist) verwöhnen. Von seinem Platz aus sieht man die Schiffe der Attraktion Pirates of the Caribbean vorbeiziehen. Die Fischspezialitäten werden je nach Wunsch gegrillt, gebraten oder gedünstet. Man kann auch Riesengarnelen, ein Curryhuhn mit Krabben oder ein mariniertes und gegrilltes Rinderfilet probieren. Als Vorspeise wird Ihnen ein Calypso-Teller serviert: geräucherter Fisch und marinierte Algen. Zum Dessert: Jamaika-Nougat oder *île flottante* (schwimmende Insel), gezuckerte »Inseln« aus Eischnee auf Mangopüree. *Adventureland, neben dem Geschäft »Le Coffre du Capitaine«; Menü um 150 FF*

The Lucky Nugget Saloon

★ In diesem leuchtenden Saloon im Stil der Lokale in Virginia City (Nevada) oder der Etablissements der Barbary Coast in San Francisco, wo die Pioniere in einer Nacht das Gold verschwendeten, für das sie Monate gearbeitet hatten, bewirtet man Sie mit allen Köstlichkeiten des Westens: kalte *Prime Ribs* auf Toast, Grillhühnchen, Chili con carne und zum Abschluß *Apple Cobbler*, ein Nachtisch aus Äpfeln in salzigem Teig, oder frischer Fruchtsalat. Just wenn Sie Ihre Mahlzeit beendet haben, beginnt ein dröhnendes Spektakel. *Frontierland, in der Nähe von Fort Comstock. Die Vorstellung ist umsonst, bezahlt werden Getränke und Menü (ungefähr 90 FF)*

Silver Spur Steakhouse

★ Westernambiente wie im Lucky Nugget, aber in einer »männlicheren« Version: dunkles Holzdesign, Ledersessel und Grillspezialitäten vom Holzfeuer. Sie kosten den Salat »Big Thunder« oder Tex-Mex-Spezialitäten wie *Nachos*, dann kalifornische Spezialitäten, die Sie auf keinen Fall versäumen dürfen. Aber das Silver Spur ist vor allem der Tempel echter Fleischliebhaber, die hier ein wohl unvergeßliches T-Bone-Steak vom Angus-Rind verdrücken können. Für Leckermäuler: *cheesecake* oder mit Karamel glasierte Banane. *Frontierland, in der Nähe des Phantom Manor*

Walt's – an American Restaurant

★ Dies ist unbestreitbar das schickste Restaurant des Parks. Ein antiker Aufzug ganz aus Kupfer und Kolben (eine gute Imitation) befördert die Gäste in die erste Etage. Originale von Skizzen, Modelle und verkleinerte Figuren – die Wände erzählen das Leben Disneys. Die Karte ist eine Rundreise durch die französische Gastronomie. Die Chefs haben die Spezialitäten um ein paar eigene Kreationen ergänzt. Als Vorspeise: ein schöner Salat »Walt's« (grüner Salat, Orangenscheiben, Krabben, Pekannüsse, Croûtons). *Main Street, linke Seite, Menü ab 140 FF*

BUFFETRESTAURANT

Plaza Gardens Restaurant

★ Gaslaternen, Marmorstatuen, rosa- und bordeauxfarbene Wandbehänge – die Gestaltung dieses eleganten Buffetrestaurants im viktorianischen Stil befördert Sie direkt ins 19. Jh. Große Auswahl an kalten und warmen Gerichten (exotischer Salat, frischer Lachs, Lammkeule …), eine riesige Auswahl an Grillgerichten, Lawinen von Desserts, kurz: eine schlechte Adresse, um eine Diät zu beginnen. *In der Saison Brunch und Character-Frühstück am Morgen. Rechts auf der Central Plaza, Menü 140 FF*

Plaza Gardens: Essen wie im 19. Jh.

PIZZA

Café Hyperion
Futuristische Einrichtung (Jules Vernes Luftschiff, Spielautomaten und ständige Videoberieselung direkt aus Videopolis) für einen Snack zwischendurch: Pizzen natürlich, aber auch Hamburger, Nudeln, Salate, Sandwiches und Pommes frites. *Discoveryland, Eingang durch Videopolis, Menü ab 40 FF*

Colonel Hathi's Pizza Outpost
Eingelullt vom Gesang exotischer Vögel, unterhalten von den lustigen Geschichten eines alten Haudegens und verwöhnt von Pizza und Pasta in allen Variationen, vergessen Sie hier auf einen Schlag, daß Sie in der Gegend von Paris sind. *Adventureland, hinter Robinsons Hütte, Menü 52 FF*

Pizzeria Bella Notte
Ein weitläufiges Restaurant, wo Sie italienische Pizzen aus ganz dünnem Teig mit dem Belag Ihrer Wahl bekommen. Spaghetti mit vielerlei Saucen und natürlich Lasagne. Für Eingeweihte: Tiramisu zum Nachtisch. *Rechts im Fantasyland, nicht sehr weit von It's a Small World, Pizza ab 36 FF, Menü 52 FF*

SELBSTBEDIENUNGSRESTAURANTS

Sie bieten Snacks, aber auch vollständige Mahlzeiten zu moderaten Preisen.

Casey's Corner
★ Hier geht man eher hin, um die Heldenjahre des Baseball zu feiern, als um gut zu essen. Dennoch haben Sie die Wahl zwischen verschiedenen riesigen Hot-dog-Varianten, gefolgt von Krapfen oder amerikanischen *Brownies*, die Sie mit Coca-Cola hinunterspülen können. An den Wänden zeigen Fotos aus ruhmreichen Zeiten die Champions von einst (Honus Wagner, Wee Willie Keeler …) und berühmte Mannschaften (die Brooklyn Dodgers, die Boston Braves, die Chicago White Sox …). Die Kellner servieren in der Kluft der Baseballspieler der Jahrhundertwende, während der Pianist »Take me to the ball game« spielt. Suchen Sie nicht nach Casey in einem Sportlexikon: Er ist eine mythische Figur, die Ernest L. Thayer 1888 mit seinem Gedicht »Casey at the Bat« geschaffen hat. *Main Street, linke Seite vor der Central Plaza*

Au Chalet de la Marionnette

Grillhähnchen, Würstchen und Hamburger werden rund um einen Kamin in Gesellschaft von Pinocchio und seinen Freunden verzehrt. Österreichisches Naschwerk, Apfelstrudel, Schwarzwälder Torte. *Fantasyland, in der Nähe von Les Voyages de Pinocchio (Pinocchios Reisen), Gerichte 50–150 FF*

Cowboy Cookout Barbecue

Ranch mit Planwagen wie in den Western, wo ausgehungerte Cowboys halten, um *Spare Ribs* oder an Ort und Stelle geräucherte Hähnchen zu vertilgen. Man kann aber auch einen schlichten Hamburger in der »topping bar« essen. Charmanter Clou: die Country-music. *Frontierland, auf der Seite des Bahnhofs Frontierland Depot, Menü ungefähr 50 FF*

Fuente del Oro Restaurante

Zu Mariachi-Klängen genießt man eine *Fajita*, wie sie in der Nähe der mexikanischen Grenze zubereitet wird, mit *Guacamole, Tortillas* oder *Tacos*. *Frontierland, gegenüber von Big Thunder Mountain, Menü 52 FF*

Hakuna Matata

Hier erinnert das rustikale Safariambiente an »Tim und Struppi

Tiroler Atmosphäre herrscht im Chalet de la Marionnette

im Kongo«. Man kann drinnen oder auf der Veranda mit Blick auf Adventure Isle sitzen. Auf der Karte: Weizenküchlein mit Rind, Perlhuhnschenkel, Salate. *Adventureland, links hinter dem Bazar, gegenüber der Cabane des Robinson (Robinsons Hütte), Menü 52 FF*

Last Chance Café

Ein kleines Westernrestaurant für Stadtcowboys. Sie können einen Salat mit Schinken essen oder ein warmes Beef-Sandwich mit Pommes frites. Als Dessert ein Muß: der Doughnut (ein mit Marmelade gefüllter Berliner). *Frontierland, bei den Legends of the Wild West, Menü 52 FF*

Market House Deli

★ Sandwiches wie in New York mit Zutaten, die die Küche mitteleuropäischer Juden ausmachen: *Pastrami*, große Gewürzgurken, Käse ... Zum Abschluß gibt's *Cheesecake* im New Yorker Stil. *Main Street, rechte Seite*

Toad Hall Restaurant

☀ Fish and Chips und Trifle (Tortenbiskuit mit Sahne und Früchten) erwarten Sie in diesem englischen Herrenhaus. Über dem Kamin beobachtet das sich verändernde Porträt von Mr. Toad, wie die Kinder sich den Mund lecken. Man kann auch draußen sitzen und die Blicke über Fantasy Festival Stage schweifen lassen. *Fantasyland, hinter Peter Pan's Flight*

Victoria's Home-Style Cooking

Kleine Gerichte wie Quiche und Pizza, *Brownies* und *Cookies*. Je nach Wetter kann man draußen in der Sonne oder drinnen am Kamin sitzen. *Main Street, auf der*

*Die beeindruckende Captain
Hook's Galley*

sen). Die Dekoration: Trolley-
busse und ein »Mutoscope« —
ein Gerät, durch das man einen
Kurzfilm über das Erdbeben in
San Francisco von 1906 sehen
kann. *Main Street, rechte Seite*

Café de la Brousse

★ Minztee oder frischer Fruchtsaft in einer Hütte im afrikani-
schen Stil, in der man just gegenüber der Robinson-Behausung
ein bißchen träumen kann. Hot
dogs, Pommes frites, Berliner.
Adventureland, hinter dem Bazar

Captain Hook's Galley

Auf dieser Galeone, die ihren Anker vor den Küsten der Adventure Isle geworfen hat, stürzen
sich die Turnschuhpiraten auf
ein Sandwich mit Käse und
Schinken oder Erfrischungen,
die man auf der Brücke mit schö-
nem Blick auf Adventureland
und Fantasyland genießen kann.

The Coffee Grinder

Verschiedene Sorten und Mi-
schungen frisch gemahlenen
Kaffees. Es gibt aber auch Tee
und einige Kuchensorten. *Main
Street, in der Discovery Arcade*

Cookie Kitchen

☀ Die Kuchen werden vor Ihren
Augen gebacken. Spezialität sind
die *Cookies* mit Schoko-
ladenstreuseln, Erdnußbutter,
Pekannüssen oder Orangenge-
schmack. *Main Street, rechte Seite*

Fantasia Gelati

☀ Hier bekommen Sie verschie-
dene italienische Eisspezialitä-
ten ganz nach Wunsch in der
Waffel (*cone*) oder im Becher.
*Fantasyland, gegenüber von It's a
Small World*

*rechten Seite in der Nähe des Kinder-
gartens (Salons Bébés)*

In diesen Lokalen können Sie
eine einfache Erfrischung bestellen oder ein heißes Getränk,
einen Hot dog, ein Stück Kuchen
oder eine mächtige Sahnetorte
essen. In die lange Liste der lukul-
lischen Schnellversorgung gehören auch die Imbißwagen
(*Chariots Gourmands*), die an diversen Stellen im Park aufkreu-
zen. Dort bekommen Sie jede Art
von Eis, aber auch Popcorn, *Bagels*,
Würstchen, Brezeln, Krapfen.

Cable Car Bake Shop

★ Hier herrschen die gemütlichen Temperaturen einer kalifornischen Bäckerei mit vielen frischgebackenen Kuchen:
alle Arten von *Cookies, Muffins*
für jeden Geschmack, *Brownies*
(Schokoladenkuchen mit Nüs-

The Gibson Girl Ice Cream Parlour

Eisgeschäft vom Beginn des Jahrhunderts für echte Gourmets: Bananensplit, Milk-Shakes, Sundaes unter Bergen von Sahne. Ein volles Programm! *Main Street, rechte Seite vor der Central Plaza*

March Hare Refreshments

Mit dem Segen des Hasen aus Alice im Wunderland stellen Sie sich selbst Ihren Nicht-Geburtstags-Kuchen zusammen (vorrätig an 364 Tagen im Jahr). *Fantasyland, gegenüber von Les Pirouettes du Vieux Moulin*

The Old Mill

⚘ Diese holländische Windmühle hat sich ganz auf italienisches Eis spezialisiert. Darüber hinaus gibt es aber auch Nahrhafteres wie Sandwiches, Desserts und Getränke. *Fantasyland, neben Les Pirouettes du Vieux Moulin*

La Reine des Serpents

In marokkanischem Ambiente können Sie sich zu Ihrem Pfefferminztee eine nordafrikanische, aber auch eine weniger exotische Köstlichkeit aus der Pâtisserie schmecken lassen. *Adventureland Bazar*

Natürlich stillt man auch den Durst im American style

Insgesamt verfügen die Hotels im Disneyland Paris über ein Dutzend Restaurants, die vom sehr luxuriösen Etablissement bis zur kleinen, familiären »Herberge« mit bescheidenen gastronomischen Ansprüchen reichen. Die Preise für eine Mahlzeit bewegen sich zwischen 100 und 350 FF. Fast überall läßt die Weinkarte die Wahl zwischen französischen und amerikanischen Weinanbaugebieten, die Weine werden meist auch offen im Glas angeboten. Zu den Restaurants, die es wirklich wert sind, eigens zum Abendessen aufgesucht zu werden, gehören der California Grill, um die »Nouvelle Cuisine« der Westküste zu kosten, das Manhattan Restaurant – wegen seiner eleganten Tanz-Dinner-Atmosphäre im Stil Harlems der dreißiger Jahre –, der Yacht Club für Freunde von Muscheln und Meeresfrüchten und das Chuck Wagon Cafe, um den Kindern die Lieblingsgerichte des Wilden Westens zu zeigen.

Disneyland Hotel

Dieses Märchenhotel gleich am Eingang des Themenparks hat zwei Restaurants: Inventions und California Grill.

Inventions

Hier finden an einigen Vormittagen von 7 bis 11 Uhr die *Character Breakfasts* statt: reichhaltige Buffets mit Zimttörtchen, Rosinenbrötchen, *Pancakes*, die in Ahornsirup oder Kirschkonfitüre gestippt werden, Eiern in jeder nur möglichen Form, Müsli und vielem mehr. Aber vor allem mit dem Clou dieser märchenhaften Frühstücke: Mit dabei sind die Disney-Figuren. Pluto herzt die Großmutter, das putzige Ahörnchen (wenn es nicht doch Behörnchen ist) nimmt den Jüngsten in die Arme, und Donald verteilt Autogramme. Vergessen Sie nicht Ihren Fotoapparat (mit Blitz)!

Ab mittags zieren die Buffets diverse Spezialitäten (warm oder kalt), abends wiederum in Gesellschaft der *Characters*. *Tgl. 7–23 Uhr, Mittagessen 180 FF, Kinder 110 FF, Abendessen 250 FF, Kinder 140 FF*

Pauschalpreis des Character Breakfast: 150 FF für Erwachsene und Kinder ab elf Jahre, 110 FF für die Jüngeren. Wenn Sie dabeisein möchten, sollten Sie reservieren, zum Beispiel am Vorabend.

California Grill
In gepflegtem Rahmen kosten Sie diverse für die zeitgenössische kalifornische Gastronomie repräsentative Gerichte – mit viel Phantasie und der Betonung auf natürlichen Geschmacksrichtungen. Die Küche ist gesund und leicht, frische Produkte (viel Fisch und Krabben), freie und daher oft überraschende Kreationen, die aber nicht affektiert sind: geschmorte Garnelen mit Shiitake (einer japanischen Pilzart) und Perlgraupen, geräucherter Lachs mit Ahornsirup. Der Weinkeller bietet vor allem Weine aus Übersee. *Character Breakfast* am Wochenende von 8 bis 11 Uhr. Das Restaurant hat außerdem einen Nebenraum, der für private Veranstaltungen und Feiern gemietet werden kann. *Tgl. 19–23 Uhr, Abendessen etwa 300 FF*

Hotel Cheyenne

Dieses Wild-West-Hotel hat ein »richtiges« Restaurant und einen »Saloon«, in dem einfache Gerichte für den kleinen Hunger bestellt werden können.

Chuck Wagon Cafe
Verschiedene Stände bieten eine Auswahl asiatischer Gerichte und natürlich Speisen des Wilden Westens. Den chinesischen Einfluß entdecken Sie zum Beispiel beim Hühnchen mit Austernsauce auf chinesischen Nudeln. Außerdem bekommen Sie Grillfleisch, warmen Kartoffelsalat, Schweinefilet mit rotem Pfeffer und schwarzen Bohnen, aber auch einige vegetarische Gerichte, zum Beispiel würzigen Gamba-Salat, geräucherte Forelle mit Meerrettich oder glasierte Bratäpfel – und nicht zuletzt die Sheriffsuppe. Nehmen Sie unbedingt einen Drink an der Bar, schon um die stilechten Barhocker zu erleben: echte Pferdesättel! *Tgl. 7–11, 12.30–17 und 17.30–22.30 Uhr, Mittagessen und Abendessen je 100 FF*

Attraktion für kleine Kinder: Casey Jr., der Zirkuszug

Red Garter Saloon
Dieser Saloon eignet sich phantastisch, um eine Tortilla mit Chili
und Avocados und kleine Schwei-
nehäppchen zu knabbern oder
zahllose Sorten Chips und Popcorn. Stimmung ist jeden Abend
garantiert. *Tgl. 17–1 Uhr*

Hotel New York
Auch dieses Hotel verfügt über
zwei Restaurants: Manhattan Restaurant und Parkside Diner.

Manhattan Restaurant
In diesem eleganten Restaurant
im Stil der dreißiger Jahre spielt
ein Orchester für die Abendgäste
zum Tanz auf edlen Parkettbö-
den auf. Hier fühlt sich Großpapa
für einen Moment um 60 Jahre
zurückversetzt in den legendären Harlemer Cotton Club. Auf
der Karte: Meeresfrüchteplatten,
Gänseleberpastete, Hummer
Thermidor, Kalb Oscar (mit
Krabbenfleisch und Spargel), Eis-
bomben . . . und natürlich Champagner! Morgens ab 8 Uhr begrü-
ßen Disney-Figuren die Frühauf-
steher beim Frühstück. Dies ist
das einzige Restaurant im Disneyland Paris, in dem Krawatte
und Jackett für Männer obligatorisch sind. Wenn Sie keine Krawatte dabeihaben, können Sie in
der Garderobe auch eine ausleihen. *Tgl. Character Breakfast
8–11 Uhr, Abendessen 19–23 Uhr,
Abendessen ungefähr 200 FF*

Parkside Diner
Wie auch im Manhattan Restaurant wird hier der amerikanischen Mode der dreißiger Jahre
gehuldigt, jedoch in einer farben-
froheren und revueartigeren Version, die der Architekt Michael
Graves kreiert hat. Die Küche ist

etwas einfacher als im Manhattan
Restaurant und die Atmosphäre
entspannter. Aus der Karte: Kar-
toffelchips nach Art des Hauses,
Reuben-Sandwich, Kalbspastete.
Eine äußerst beliebte Dessertspe-
zialität ist der *Cheesecake. Tgl. 7–11
und 12–23 Uhr, Mittag- und Abendessen 150 FF*

Hotel Santa Fe
Das Santa Fe verfügt als einziges
der sechs Hotels im Disneyland
Paris nur über ein Restaurant, das
La Cantina.

La Cantina
Mit seinen antiken Zapfsäulen
und Pumpen und den aufgeputz-
ten alten Lastwagen (die als Stände dienen) vermittelt dieses Restaurant die Stimmung eines kleinen Marktplatzes in Neumexiko.
Man stellt sich seine Mahlzeit zusammen, indem man typische
Gerichte des Südwestens aus diversen Töpfen kombiniert. Eine
Maschine stellt mit *Masa* (Mais-
teig) *Navajo-Tortillas* her, die man
mit *Guacamole* (Avocadopüree)
und anderen Zutaten würzt.
Ebenfalls empfehlenswert: Hüh-
nersalat mit Orangenstreifen, Ja-
kobsmuschelsalat und warme
Sandwiches. *Tgl. 7–11.30, 12.30
bis 15 und 17.30–22.30 Uhr, Mit-
tag- und Abendessen 100 FF*

Newport Bay Club
In den beiden Restaurants dieses
Hotels mit dem Charme der Atlantikküste entdeckt man verschiedene Spezialitäten aus Neuengland.

Cape Cod
Frische Produkte vom Lande
und, der Name deutet es an, aus
dem Meer werden in einem fami-

Nach den Abenteuern im U-Boot »Nautilus« tut eine Stärkung gut

liären und natürlichen Rahmen präsentiert. Mittags und abends gibt es ein Vorspeisenbuffet, auf dem sich die Salate in ihrer Ausgefallenheit gegenseitig übertrumpfen—für jeden Geschmack und jeden Hunger ist etwas dabei. Als Hauptgang stehen Pizzen und Fleischgerichte zur Auswahl. Wenn einige Gerichte einen mediterranen Touch haben, liegt das daran, daß sich viele italienische und portugiesische Fischer in der Umgebung von Boston an den Küsten ansiedelten. Das »Kabeljau-Kap« (so die Übersetzung von Cape Cod) ist nicht nur bekannt wegen seines Seebad-Charmes, sondern auch für seine lebhaften Fischereihäfen. *Tgl. 7–11, 12.30–14.30 und 17.30 bis 22.30 Uhr, Mittagessen 125 FF, Abendessen 150 FF*

Yacht Club
Die Einrichtung dieses Lokals macht seinem Namen alle Ehre, indem sie an alte, mit Maha-

goni verkleidete Yachten erinnert. Der Yacht Club kann es daher ohne weiteres mit den schicksten Restaurants von Rhode Island in Neuengland aufnehmen. Aber auch die Küche ist ganz an den Spezialitäten der nordöstlichen Ecke der Vereinigten Staaten orientiert. Hier hat man eine erklärte Vorliebe für Krebs- und Krustentiere und Muscheln: *Clam bake* und *Clam chowder* (Sud und Suppe von Venusmuscheln), Riesengarnelen mit Algen gedünstet, Austern und kleine Muscheln mit Meerrettich sind nur ein paar Beispiele für die abwechslungsreichen Zubereitungen. Man bereitet auch Hummer frisch aus dem Wasserbecken zu (für zwei Personen) und Fische aus dem Atlantik, die zuvor auf Eis präsentiert werden. Der Lachs mit Polenta und wilden Champignons ist exquisit. Auch die Erdbeerkuchen sind eine echte Spezialität. *Tgl. 8–12 und 18.30 bis 22.30 Uhr, Abendessen ab 150 FF*

Sequoia Lodge

Dieses Hotel mit dem Charme eines Forsthauses und rustikaler Einrichtung läßt die Wahl zwischen zwei gemütlichen Restaurants: dem Hunter's Grill und der Beaver Creek Tavern.

Hunter's Grill
Fleischspieße drehen sich über dem Grill und warten auf die im Morgengrauen aufgebrochenen Jäger aus den Wäldern der Rokkies. Die Stimmung ist entspannt und wohltuend. Der Hunter's Grill bietet als Spezialgericht das »Jägerbankett« an. Das Buffet ist bestückt mit frischen Salaten (wilde Champignons, weiße Bohnen mit Olivenöl, marinierte Linsen mit Schweinefleisch etc.), verschiedenen Braten (würzige Hühnchen, Lamm mit Knoblauch), marinierter Geflügelleber, geräucherten Putenfilets in Schinkenröllchen mit Knoblauchkartoffeln. Zum Dessert: Sandtorte nach Art des Hauses mit Eis. *Tgl. 7—11.30 und 18—24 Uhr, Abendessen 135 FF*

Beaver Creek Tavern
Diese Taverne, die sich ganz den Freuden des Barbecue verschrieben hat, eignet sich mit ihren gegrillten Fleischspezialitäten vorzüglich für eine üppige Mahlzeit mit der Familie. Versuchen sollten Sie auch die speziellen Hamburger — gegrillt und geräuchert über Nußbaumholz. Zum Abschluß gibt's Nuß-Schokoladen-Desserts mit Vanilleeis. Der Wein wird offen ausgeschenkt. Im Sommer lädt die Terrasse zum Sonnenstündchen ein. *Tgl. 7—11 und 18—23 Uhr, Abendessen um 130 FF*

Nachdem die Concorde dafür gesorgt hat, daß New York nur noch dreieinhalb Flugstunden von Frankreich entfernt ist, ermöglicht nun das Festival Disney, alle (oder fast alle) amerikanischen Vergnügungen nur mehr eine Stunde von Paris entfernt zu genießen. Die Menschen aus Paris und Umgebung können jetzt spontan beschließen, in den Vereinigten Staaten zu Abend zu essen, und sitzen eine Stunde später in einem Seebad-Restaurant an der Küste oder in Chicago in einem zum Restaurant umfunktionierten ehemaligen Schlachthof. Neben der Diskothek Hurricane's, dem Westernclub Billy Bob's und dem Erlebnisdinner Buffalo Bill's Wild West Show verfügt das Festival Disney über vier Restaurants, die einen thematischen Schwerpunkt haben (Annette's Diner, Key West Restaurant, Los Angeles Bar & Grill und The Steakhouse), und drei Themenbars, in denen man auch einen Snack bestellen kann: Sports Bar, Rock 'n' Roll America und New York Style Sandwiches. Das letztere öffnet schon morgens um 8 oder 9 Uhr, so daß man beispielsweise hier zum Frühstück einkehren kann.

Annette's Dinner

★ Rückblende in die fünfziger Jahre. Dies ist die Zeit, in der auf der anderen Seite des Atlantiks die Herrschaft von »Burgern« und Cadillacs, von Coca-Cola und Elektro-Haushaltsgeräten, Milk-Shakes und Bananensplit beginnt. Kurz, die goldenen Jahre

Tex-Mex-Food gibt's in mehreren Lokalen

der Konsumgesellschaft. Die Kellnerinnen tragen ihr Haar in Bananenknoten oder mit Sheila-Zopfbändchen und sausen auf Rollschuhen umher, während die Annette-Statue (sie ist über fünf Meter hoch und wurde in Frankreich hergestellt) die Kunden anlächelt, die ihre Nostalgie in einem *Coke Float* (Eis mit Cola) ertränken oder sich wie kalifornische Rocker benehmen und einen *Turkey Burger* (Hamburger mit Putenfleisch) bestellen. Zu allen Burgern gibt es eine Lawine von Pommes frites. Man kann alles am Tisch verzehren oder auf die Terrasse mitnehmen. Als Dessert sind besonders die Brownies schmackhaft. Zur Geschichte: Annette Funicello war der junge und sehr beliebte Star der wöchentlichen Fernsehsendung »Mickey Mouse Club«, die die kleinen Amerikaner zwischen 1955 und 1959 begeisterte. *Tgl. 12—15 und 17—23 Uhr, Tagesgericht 60 FF*

Key West Restaurant
Tische aus unbehandeltem Holz, Zeitungspapierimitate als Tischtücher und kleine Holzhämmer-

chen: Alles ist bereit für eine Krebszerlegung. Der Saal liegt über der Wasseroberfläche des Disney-Sees. Ein Fischernetz trocknet an der Decke. Die Einrichtung erinnert an die etwas rustikalen Restaurants von Key West, der Koralleninsel, die die Halbinsel Florida wie ein langes Semikolon verlängert. Dort, in einem Haus im spanischen Kolonialstil, schrieb Hemingway seine berühmtesten Romane. An der Bar des Key West Restaurants kann man Austern und Muscheln und dazu ein Glas Weißwein zu sich nehmen. Im Saal stehen auf der Karte alle erdenklichen Krebssorten, mit Knoblauch oder ohne: blaue Krebse, goldene Florida-Krebse, grüne Krebse aus Alaska und sogar Krebse mit weichem Panzer (wenig poetische Erklärung: Sie wurden mitten in der Häutungsperiode gefangen). Wer nicht mit dem Hämmerchen arbeiten möchte, ißt frische Nudeln mit Meeresfrüchten oder Muscheln. Ein Festmahl für Kenner. *Tgl. 18—23 Uhr, Mahlzeit ab 140 FF*

Los Angeles Bar & Grill
Dieses Restaurant auf zwei Ebenen, dessen Einrichtung auf einen Schiffsrumpf anspielt, serviert kalifornische Pizzen aus dem Holzofen, gegrilltes oder rohes Fleisch (Carpaccio), Desserts aus aller Herren Ländern und — als Special für die Gourmets — geeiste Schokoladentrüffel mit Crème anglaise beträufelt. Von der offenen, aber geheizten Terrasse aus sieht man den Lake Disney und die Hotels New York, Sequoia Lodge und Newport Bay Club. *Tgl. 12—15 und 17.30—23 Uhr, Essen ab 120 FF*

New York Style Sandwiches

Wenige Plätze hat diese Snackbar, in die man geht, um ein paar große New Yorker Gewürzgurken (im Osten heißen sie *Malassols*) zu probieren und all die anderen Delikatessen der Küche jüdischer Mitteleuropäer, »korrigiert« von den Amerikanern. Nach ihrem Sandwich mit Corned beef gehen die Puristen zum *Cheesecake* über. Der *Cheesecake* ist für New Yorker im Exil das gleiche wie der Camembert für ausgewanderte Franzosen: eine fixe Idee! Die anderen nehmen *Carrot Cake* (Karottenkuchen, der ein wenig dem traditionellen Gewürzkuchen ähnelt). Hier kann man auch frühstücken. *Tgl. 8—23 Uhr, pro Mahlzeit etwa 60 FF*

Rock 'n' Roll America

Wie der Name sagt: Dieses Lokal ist eine Hommage an die Ära des Rock. Der Tresen steht unter der Schirmherrschaft von Tina Turner, Fats Domino, Bruce Springsteen. Am Ende des Raums steht eine Bühne, auf der Sie bei einem Cocktail (ab 45 FF) Rockgruppen lauschen können (es ist kein Hard Rock Café — gespielt wird eher »traditioneller« Rock). Natürlich können Sie auch eine Mahlzeit zu sich nehmen: Hühnchen, Kartoffeln, amerikanischer Salat (Kohl und Karotten). Sie sitzen zu Füßen eines auf menschliche Größe zurechtgestutzten Wolkenkratzers oder zwischen zwei chromblitzenden Motorrädern. *Tgl. 17—23 Uhr, Menü 45 FF*

Sports Bar

Unmöglich, das Ladenschild zu übersehen: Es ist ein riesiger amerikanischer Footballspieler. Man weiß gleich, woran man ist: Dieses Etablissement huldigt dem Sportkult im allgemeinen wie dem Baseball und Football im besonderen. 14 Fernsehbildschirme übertragen (live oder als Aufzeichnung) die Bilder von Spielen aus der ganzen Welt. Man trinkt französisches oder amerikanisches Bier oder auch Wein, der glasweise ausgeschenkt wird, während man ein Hot dog oder ein Pittabrot mit Geflügelsalat ißt. Eine überdachte und geheizte Terrasse sorgt dafür, daß man nichts vom Spektakel auf der Straße versäumt. *Tgl. 11—1 Uhr, pro Mahlzeit rund 60 FF*

The Steakhouse

The Steakhouse erinnert an jene Fleischlagerhallen in Chicago, dem großen Vieh- und Getreidehandelszentrum, die in Restaurants der neuesten Mode umgewandelt wurden. Mahagoni, Ledersessel, große Kamine — das Ambiente ist zugleich luxuriös und maskulin. Gleich hinter der Bar wählt man sein Fleisch aus einem großen Kühlschrank, dann seine Flasche (überwiegend amerikanische Weine) in einem angrenzenden Weinkeller. Das Rindfleisch kommt aus Schottland — es ist vom Angus, der saftigsten und geschmackvollsten Sorte, der einzigen Rinderart, die mit denen aus Illinois vergleichbar ist, deren Import aber derzeit in Frankreich verboten ist. Die Stücke (Rindersteak, Sirloin, Tenderloin, T-Bone-Steak) sind riesig — Fleischliebhaber sind hier dem Paradies recht nah. Man kann sich aber auch für ein über Buchenholz geräuchertes Schweinekotelett entscheiden. *Tgl. 18—23 Uhr, Essen um 200 FF*

Shopping mit Pfiff

Spielereien im Micky-Design, Pullis von amerikanischen Baseball-Mannschaften oder kalifornische Weine: Disneys Versuchung

Wenn es im Vergnügungspark mehr Geschäfte als Spektakel gibt, ist das kein Zufall. Das vierzigste Plüschtier für den Jüngsten daheim zu kaufen, einen Cowboyhut zu erstehen, den man vor den Toren des Geländes natürlich nie wieder aufsetzen wird, die Kinder mit Goofy-Sweatshirts auszustatten, mit denen sie bei ihren Klassenkameraden Eindruck schinden können, kleine Gags für die Nachbarn mitzubringen—all das ist Teil des Vergnügens. »Die Fassaden der Hauptstraße sehen aus wie Spielzeughäuser und locken uns, sie zu erforschen. Aber innen verbirgt sich immer wieder ein verkappter Supermarkt, in dem man wie ein Besessener einkauft, nur weil man den Eindruck hat weiterzuspielen«, schreibt Umberto Eco in einem Essay aus dem Jahre 1985. Natürlich gibt es echte Fans, die jedes Abbild ihres Idols Micky aufstöbern und sammeln müssen, selbst wenn es

Bärenfell und Büffelleder, Tand und Tinnef für große und kleine Cowboys

sie ruiniert. Aber es gibt auch die anderen, die in »normalen« Zeiten niemals auf die Idee kämen, sich mit Bermudashorts zu zeigen, deren rechte Pobacke Minni ziert, oder gar mit einer Baseballmütze spazierenzugehen. Aber auch sie erliegen der Versuchung. Sie betreten ein Geschäft, um »einen Blick zu werfen« oder die Auslagen zu bestaunen, und verlassen es mit einem Kaffeeservice »Manhattan« oder einem Pu-der-Bär-Pyjama. Von den Kindern ganz zu schweigen. In der Atmosphäre des Themenparks ist es sehr schwer, den vielfältigen Versuchungen zu widerstehen. Um so mehr, als die Ladenbetreiber eine Menge von ihrer Sache verstehen: Es ist für wirklich jeden Besuchertyp etwas dabei. Einige Geschäfte verkaufen ausschließlich Disney-Artikel, andere bieten eine sehr große Auswahl an Waren aus der ganzen Welt an. Und irgend etwas ist wahrscheinlich darunter, das ausschließlich für Sie dorthin geschafft wurde.

Die Geschäfte befinden sich übrigens überall, nicht nur im

Park. Jedes Hotel hat eines – alle auch für Nichthotelgäste zugänglich –, ebenso die Davy Crockett Ranch und der Golfplatz. Gleich mehrere Läden sind im Festival Disney untergebracht, darunter die schönsten der ganzen Anlage. Wie die Restaurants und die Attraktionen hat jedes Geschäft ein eigenes Thema, ein bestimmtes Motto. Ihre sorgfältig arrangierten Dekorationen sind fast immer einen Blick wert. Shopping ist also ein fester Bestandteil des »Dis-

ney-Erlebnisses«. Insgesamt umfaßt die Gesamtverkaufsfläche im Disneyland Paris etwa 8000 Quadratmeter, auf denen in der Hochsaison 1150 *Cast Members* arbeiten. Manche Geschäfte, wie etwa das Emporium, haben bis zu 200 Angestellte.

Die Geschäfte sind täglich geöffnet (auch sonntags). Die Läden im Inneren des Parks öffnen zur gleichen Zeit wie der Park selbst und schließen lange nach den Attraktionen, die Boutiquen der Hotels und der Davy

MARCO POLO TIPS FÜRS SHOPPING

1 Boardwalk Candy Palace
Das Paradies für Freunde von Kaugummi und Süßigkeiten (Seite 67)

2 Disney Store
Allein wegen der Flugzeugmodelle, der Miniaturzüge und der Ballone, die das Geschäft zieren, ein heißer Tip (Seite 61)

3 Dapper Dan's Hair Cuts
Echte Barbiere sind so selten geworden. Ein beklagenswerter Nachteil des Fortschritts! (Seite 62)

4 Hollywood Pictures
Wundervolle Poster von Herrn Gable und Fräulein Monroe (Seite 63)

5 Main Street Motors
Bewundern Sie diese prächtigen Zylinder und das glitzernde Chromwerk ... (Seite 65)

6 Northwest Passage
Für alle, die beschlossen haben, ihre Sonntage in der Natur zu verbringen (Seite 65)

7 Star Traders
Hier reimt sich Teenager auf Roboter und phantastisch auf intergalaktisch (Seite 66)

8 Buffalo Trading Company
Cowboy-Ausrüstungen und allerlei Zierat aus dem Wilden Westen (Seite 67)

9 Team Mickey
Große Pullover, mit denen Sie auf »sportlicher Amerikaner« machen können (Seite 66)

10 Thunder Mesa Mercantile Building
Echte Stetsons, wie man sie in der harten Welt von Dallas trägt (Seite 67)

Crockett Ranch sind von 7 bis 23 Uhr, die des Festival Disney normalerweise von 9 bis 24 Uhr geöffnet.

BUCHHANDLUNG

The Storybook Store

Im Ambiente einer kleinen, altertümlichen Bibliothek werden hier Bücher und Kassetten mit Walt Disneys Werken verkauft (in Französisch, Englisch, Deutsch und Italienisch). Außerdem gibt es Bücher über Disney selbst. *Main Street*

DISNEY-SOUVENIRS

Bixby Brothers

Hier finden Sie Souvenirs aus Disneyland Paris für jeden Geschmack und jeden Geldbeutel (Plüsch, Kleidung, Schmuck etc.). *Main Street, im Kaufhaus Emporium*

Constellations

Spielzeug, Kleidung und andere Klassiker aus dem Hause Disney. *Discoveryland*

Disneyana Collectibles

Lithographien in begrenzter Auflage, Zelluloidstreifen (von 17 000 bis 20 000 FF) oder Reproduktionen (um 300 FF), schöne Bücher, aber auch Keramikfiguren und Kleinigkeiten aus Porzellan und Kristall. *Main Street, im Geschäft »Harrington's Fine China & Porcelains«*

Disney & Co

Ein Paradies für Kinder: Spielzeug und Plüschtiere, Micky-T-Shirts, Pluto-Pantoffeln, Goofy-Krawatten, Teller mit Donald oder Daisy und so weiter und so

fort. Nur das Karussell wird nicht verkauft. *Main Street*

Disney Store

★ Dieses Geschäft hat nichts zu tun mit dem Disney Store auf der Londoner Regent Street oder denen, die demnächst in ganz Europa aufmachen — wenn es nicht echte Disneys sind, natürlich. In dem Laden mit mehr als 1000 Quadratmetern Ausstellungsfläche dreht sich alles ausschließlich um Micky und seine Begleiter: Helme, Pins (Anstecknadeln), Taschen, Seidentücher, Spielzeug, Verkleidungen, Porzellan. Die Dekoration des Geschäftes ist einen Blick wert: Gezeigt werden Kopien von dem ersten Flugzeug, konstruiert von den Brüdern Wright, sowie von Lindberghs Maschine (Spirit of Saint Louis) ebenso wie ein verkleinertes, maßstabgetreues Modell des TGV. *Festival Disney*

Emporium

Das Ambiente erinnert an jene großen Geschäfte der Jahrhundertwende, in denen ein erfindungsreiches System von Rollen und Laufbändern Geld zu einer Kasse in schwindelnden Höhen transportierte — wo es gut geschützt vor fremdem Zugriff verwahrt wurde. Heute akzeptiert man ohne weiteres Kreditkarten für alle Waren mit dem Disney-Stempel. Mit 850 Quadratmetern die größte Verkaufsfläche im Themenpark. *Main Street*

Galerie Mickey

〰 Zwischen den Phantasiefiguren von Walter Elias Disney werden hier alle möglichen Souvenirs angeboten. *Disneyland Hotel, in der zweiten Etage*

Plaza West und Plaza East Boutiques

Plüschtiere, T-Shirts und Kleinigkeiten jeder Art kann man hier kaufen — auch wenn man den Park schon verlassen oder gar nicht erst betreten hat. *Train Station Plaza*

FOTOGRAFIE

Plaza West und Plaza East Boutiques

Filme (ausschließlich Kodak) und Batterien für Autofokus-Kameras, Blitze etc. Das Geschäft ist vom Inneren des Themenparks wie auch von außen zu erreichen. Es öffnet eine halbe Stunde vor dem Park und schließt eine halbe Stunde nach ihm. *Train Station Plaza*

Town Square Photography

Filme (ebenfalls nur Kodak), Batterien, Kassetten etc. zum Verkauf, es werden aber auch Videokameras und Fotoapparate verliehen. Filmentwicklung innerhalb von zwei Stunden. *Main Street*

Filme sind auch an diversen anderen Stellen im Park zu bekommen, zum Beispiel in den folgenden Läden: The Storybook Store, Disney & Co, Emporium, Le Coffre du Capitaine, La Chaumière des Sept Nains, Sir Mickey's, Star Traders, Constellations. Im Festival Disney sind sie im Disney Store und im Geschäft Team Mickey zu bekommen, außerdem in allen Geschäften der Hotels. An verschiedenen Stellen im Park werden Sie auf Schilder mit der Aufschrift »Point Photo« stoßen. Sie zeigen Ihnen die Punkte, wo Sie jeweils den besten Überblick haben.

Hier können Sie einen Fotoapparat oder eine Videokamera ausleihen

FRISEUR

Dapper Dan's Hair Cuts

★ In diesem nostalgischen Salon kann man sich den Schnauzbart stutzen lassen oder ein Bartpflegeset aus Porzellan erstehen. *Main Street*

GESCHENKARTIKEL UND ACCESSOIRES

Le Chant des Tam-Tams

Diese kleine Boutique hält eine Kollektion bereit, die ganz am »Dschungelbuch« ausgerichtet ist: Bekleidung, Plüschfiguren und andere Geschenkartikel. *Adventureland*

L'Échoppe d'Aladdin

Ethnoschmuck aus Nordafrika, Bekleidung und Spielzeug mit Bezug auf Disney-Filme. *Adventureland*

Merlin L'Enchanteur

Dieser Laden befindet sich im Erdgeschoß des Schlosses, in dem auch Merlin seine Werkstatt hat. Wenn Sie auf der Suche nach einem fluoreszierenden Drachen auf Rädern sind, ist dies das Ziel Ihrer Träume.

Man verkauft hier außerdem Schmuck, allerlei Kristallwaren, nützliche und überflüssige Kleinigkeiten aus Glas, die vor Ihren Augen geblasen werden, Miniaturen von Rüstungen und Schlössern sowie von Goldschmieden angefertigte Reproduktionen von Königskronen. *Fantasyland*

Les Trésors de Schéhérazade
Dieses Geschäft ist vollständig dem Film »Der König der Löwen« gewidmet. Kleidung, Plüschfiguren, Geschenkartikel. *Adventureland*

HÜTE

Ribbons and Bows Hat Shop
Strohhüte mit Bändern, Federhüte, Hüte mit Blumen, Schleiern oder Früchten werden im nostalgischen Ambiente einer viktorianischen Hutfabrik verkauft. Außerdem finden Sie hier natürlich das unverwüstliche schwarze Filzkäppchen mit den zwei riesigen, runden Ohren

Natürlich sind im Reich Walt Disneys auch die Sonnenbrillen nicht einfach nur Sonnenbrillen, sondern gleichzeitig eine Befriedigung des Spieltriebs

von Seiner Majestät Micky, das auf Wunsch auch gratis mit Ihrem Monogramm versehen wird. *Main Street*

KINO

Hollywood Pictures
★ Poster, Postkarten, Brillen mit Schmetterlingsflügeln, paillettenverzierte T-Shirts und Kleider… die Stars der fünfziger Jahre lassen grüßen! Alles hier zeigt die Welt der Filmkunst aus den Disney-Studios und von den Warner Brothers. Die Dekoration erinnert an ein Filmstudio. *Festival Disney*

KUNSTHANDWERK UND SCHMUCK

La Bottega di Geppetto
Puppen, Marionetten, Spieluhren, hübsche Spiele aus bemaltem oder naturbelassenem Holz; außerdem eine Abteilung mit Babyartikeln (Milchfläschchen, Rasseln, Pyjamas). *Fantasyland*

La Boutique du Château
Eine gute Abteilung mit Weihnachtsschmuck — Disney-Figuren, aber auch Glaskugeln aus Deutschland und traditionelle Figürchen aus dem Osten. Zu jeder Jahreszeit geöffnet. *Fantasyland*

Silhouette's Artist
Ein Künstler schneidet Ihnen in Windeseile Ihr Profil als Scherenschnitt. Man rahmt es Ihnen auch an Ort und Stelle. *Main Street, am Eingang des Town Square Photography*

Tobias Norton & Sons-Frontier Traders
Das Geschäft führt vor allem indianischen Schmuck im Stil des Disney-Films »Pocahontas«. *Frontierland*

Trading Post

Ein kleiner Laden, der einige typische Objekte aus Neu-Mexiko anbietet. *Hotel Santa Fe*

Woodcarver's Workshop

Am Eingang zur Critter Corral Farm modelliert ein Künstler kleine Tiere aus Holz. Sie können ihn auch bitten, Ihren Vornamen oder den Namen Ihres Hauses oder sonst eine Aufschrift in ein Holzbrett zu schnitzen. *Frontierland*

LEBENSMITTEL

Alamo Trading Post

Selbstversorger, also Bungalowgäste der Davy Crockett Ranch, finden hier alles, was sie für ein zünftiges Picknick oder einen Grillabend brauchen. *Davy Crockett Ranch*

MODE

Bay Boutique

Für Wasserratten und Seebären: Sportkleidung mit nautischem Touch in einem sehr »neuenglischen« Rahmen – mit oder ohne Aufdruck »Newport Bay Club«. *Hotel Newport Bay Club*

Le Brave Petit Tailleur

✝ Kleidung, verziert mit den klassischen Disney-Figuren. *Fantasyland*

Disney Clothiers, Ltd

Kleidung und Accessoires nach Disney-Art für die ganze Familie. Einige gestreifte Seglersachen, Graffiti-T-Shirts und die »authentische Serie« – lässige Klamotten mit nostalgischen Bildern des kleinen, frechen Mäuserichs. *Main Street*

La Girafe Curieuse

Alles, womit Sie sich von Kopf bis Fuß für Ihre nächste Safari ausrüsten können: Safarijacken, lange Röcke im Stil von »Out of Africa«, leichte Baumwollhemden, Safari-T-Shirts und allerlei Taschen. Die »neugierige Giraffe«, die dem Laden den Namen gab, begnügt sich übrigens damit, ihren Kopf in das Geschäft zu recken. *Adventureland*

New York Boutique

Viele schicke (und natürlich eher teure) Mitbringsel, die aussehen, als stammten sie aus New York, T-Shirts mit dem »Big Apple«-Aufdruck, Pullover mit dem Logo des Hotels und zahlreiche an-

Ein hübsches Schild für das Geschäft des tapferen kleinen Schneiders

dere Kleidungsstücke, die man gern in den amerikanischen Metropolen trägt. *Hotel New York*

NATUR, SEEFAHRT, EXPEDITIONEN

Alamo Trading Post

Artikel zum anscheinend zeitlosen Thema Davy Crockett. Eine reizende Aufmerksamkeit genübter den Waschbären: Die Schwänze der Davy-Crockett-Mützen sind aus Kunstpelz. *Davy Crockett Ranch*

Ein unverwüstlicher Klassiker: Sweatshirts mit Micky-Emblem

Le Coffre du Capitaine

In diesem Gebäude, das am Ausgang des Spektakels Pirates of the Caribbean liegt, durchstöbert man die Truhen, die die Piraten gefüllt haben: Sextanten, Kaleidoskope, Schiffsmodelle, Pistolen der Piraten, Säbel, Reproduktionen von alten Weltkarten ... *Adventureland*

Indiana Jones Adventure Outpost

Suchen Sie Ihre Ausrüstung für die nächste Dschungelexkursion erst gar nicht anderswo: Zwischen vier Bambuswänden finden Sie hier T-Shirts, Khakiblousons, Tropenwesten, Kolonialhelme, Plastikwaffen ... *Adventureland*

Northwest Passage

★ Schöne Souvenirs aus den berühmten amerikanischen Nationalparks für Wanderer und Ökos der verschiedenen Richtungen:

Kräuter, Recyclingpapier oder Bauklötze aus Holz. *Hotel Sequoia Lodge*

OLDTIMER

Main Street Motors

★ Hier stehen drei fabelhafte Oldtimer zum Verkauf: ein EMF (Everitt, Metzger und Flanders) vom Typ »Gentleman's Roadster« aus dem Jahr 1908, ein Reliable Dayton »High-Wheeler«, der 1907 in Chicago gebaut wurde, sowie ein Oakland 1911. Wenn Sie keine dieser rollenden Legenden kaufen wollen, können Sie sich auch einfach nur vor ihnen fotografieren lassen. *Main Street*

PORZELLAN UND KRISTALL

Disneyana Collectibles

Bekannte Marken: Christofle, Baccarat, Lalique ... Teegeschirr aus englischem Porzellan und viele Kleinigkeiten und Püppchen aus Kristall und Porzellan. *Main Street, im Geschäft »Harrington's«*

Glass Fantasies

Bambis, Kaninchen und andere charmante Kreaturen aus Glas werden vor den Augen des sprachlos-staunenden Publikums mundgeblasen. Auf Wunsch graviert man Ihnen auch Initialen oder Disney-Figuren in die soeben erstandenen Gläser. *Main Street, im Inneren von »Harrington's«*

SPIELZEUG UND STOFFTIERE

La Chaumière des Sept Nains

🚶 In der »Hütte der Sieben Zwerge« gibt es unter anderem Figürchen, Disney-Plüschtiere und Kinderkleidung. *Fantasyland*

Emporium

Dies ist gewiß der beste Ort, den Grundstein für eine Plüschtiersammlung der Zeichentrickfiguren unseres Freundes Walt Disney zu legen. Sie finden hier außerdem Steiff-Teddybären, Anima-Pandas und vielerlei Puppen. *Main Street*

Eureka Mining Supplies and Assay Office

Schönes Spielzeug aus dem Wilden Westen Amerikas wird in dieser von den Pionieren verlassenen Bergbauhütte verkauft. *Frontierland*

Sir Mickey's

🚶 Ein großer Bereich dieses Geschäfts, La Ménagerie du Royaume, verschwindet fast vollständig unter Samtbambis und weichen Entchen. *Fantasyland*

Star Traders

★ Futuristische Geschenkartikel, Titanuhren, elektrische und elektronische Spielereien, High-Tech-Rechner, intergalaktische Spiele, Weltallkarten, Schmuck mit Hologrammen ebenso wie einige Waren aus der »Star Tour« (Helme, metallbeschlagene Rucksäcke etc.) finden Sie in diesem Geschäft, das – seinem Thema angemessen – natürlich ganz in Glas und Metall gehalten ist. *Discoveryland*

The Toy Chest

Spielzeug und Spiele – nur für artige Kinder, die hier den Geldbeutel ihrer geplagten Eltern gehörig schröpfen können. *Main Street*

World of Toys

Die Firma Mattel hat diesen Laden am Eingang zum Themenpark wie ein Schaufenster ihrer Produktpalette eingerichtet: Sie finden hier eine breite Auswahl der weltberühmten Barbiepuppen und die Kollektion »Exclusivités Disney« (Figuren aus den Filmen der Disney-Studios). *Festival Disney*

SPORT

Main Street Motors

Neben Sammlerautos verkauft dieser Laden vor allem Sportartikel: Sweat-Shirts und Trainingsanzüge, Mützen und allerlei Zubehör (Baseballschläger, Knieschützer usw.). *Main Street*

Team Mickey

★ Jogginganzüge und Tenniskleidung, Sportschuhe und große Zopfmusterpullis mit dem Logo »Team Mickey« oder denen amerikanischer Baseball- oder Footballteams sowie Wimpel und T-Shirts. Die ganze Fitneßpalette des American way of life. Gestaltet ist der Laden wie ein Stadion. *Festival Disney*

SÜSSIGKEITEN

Boardwalk Candy Palace

⭐ Zuckerzeug nach alten Rezepten, riesige Lutscher, im Munde zerfließende Toffees oder *Salt Water Taffy* — weiches, salziges Karamel mit Fruchtaroma —, eine Spezialität aus Atlantic City, gibt es in diesem Palast für Gourmets jeden Alters. Ein unwiderstehlicher Duft kitzelt den Rüssel des Elefanten, eines großen Bonbonliebhabers, der in diesem wunderbar nostalgischen Geschäft thront. *Main Street*

La Confiserie des Trois Fées

Kleine, mit Holz eingerichtete Hütte, die wunderbar duftet. Man kann sich hier auch mit rotweiß gestreiften *Candy Canes* eindecken, um den nächsten Weihnachtsbaum zu verzieren — falls man sie nicht schon vorher genascht hat. *Fantasyland*

Eureka Mining Supplies and Assay Office

Hier gibt es eine Auswahl der süßen Spezialitäten aus dem Westen — wie besondere Schokoladenriegel —, die jeden Cowboy in kurzen Hosen begeistern werden. *Frontierland*

WESTERN

Buffalo Trading Company

⭐ Delikatessen und Cowboyverkleidung: Stiefel, Hüte, Gürtel, Ledersachen, Türkis-schmuck und anderes. Aber Vorsicht: Beim Verlassen der Buffalo Bill's Wild West Show schwelgt man noch in der Welt des Wilden Westens und vergißt leicht, daß man sich in der Regel eher mit der U-Bahn zur Arbeit begibt als mit dem Pferd! *Festival Disney*

General Store

In Country-Atmosphäre können nen Sie hier verschiedene Disney-Souvenirs, aber auch typische Westernartikel entdecken. *Hotel Cheyenne*

Pueblo Trading Post

Spielzeug und Accessoires aus der Welt des Westerns sind in dieser Holzhalle an den Ufern der Rivers of the Far West ausgestellt. *Frontierland*

Thunder Mesa Mercantile Building

⭐ In diesem großen Geschäft sind mehrere Läden untergebracht, zum Beispiel Bonanza Outfitters, Eureka Mining Supplies and Assay Office und Tobias Norton & Sons. Sie finden hier Country-Western-Kleidung (Lederwesten mit den obligatorischen Fransen, Jeans, Bandanas, die klassischen Trapper- und Holzfällerhemden mit Schottenkaro, authentische Stetsons, Stiefel und Ähnliches) ebenso wie indianische und mexikanische Mode, kunsthandwerkliche Produkte aus den Indianerreservaten (Ketten und Ringe aus Silber und mit Türkisen etc.) und verschiedene Dekorationsgegenstände im Stil des frühen Amerikas und solche, die an die Eroberung des Westens erinnern. *Frontierland*

Traumhaft schlafen

Hotels mit eigenem Thema oder Bungalows bei Davy Crockett: Das Fest geht weiter

Vergessen Sie alles, was Sie aus der traditionellen Hotellerie gewohnt sind. Im Disneyland Paris gleichen nur die Serviceleistungen (Kofferträger, Wäscherei und ähnliches) in etwa dem, was Sie kennen. Dennoch gibt es einige typisch amerikanische Besonderheiten wie die Eiswürfel-Automaten auf jeder Etage oder Waschsalons mit Selbstbedienung (selbst in den luxuriösesten Hotels).

Im übrigen trägt alles — von der Anlage der Gärten über die Kleidung des Personals bis hin zur Speisekarte im Restaurant — zu einem vergnüglichen Tapetenwechsel bei. Jedes Hotel im Disneyland Paris steht unter einem bestimmten Motto: Entweder geht es um eine Region der Vereinigten Staaten (New York, Rocky Mountains, Neuengland, Santa Fe) oder um eine Periode der amerikanischen Geschichte (wie die Eroberung des Westens im Cheyenne oder die Jahrhundertwende im Disneyland Hotel). Mit einer Kapazität von derzeit 5200 Zimmern erstreckt sich der Hotelbereich

auf 58 Hektar. Die sechs Hotels liegen südöstlich des Themenparks, am Ufer des Lake Disney oder am Rio Grande.

Walt Disneys Wünschen entsprechend, der wollte, daß jeder seiner Parks über eine Übernachtungspalette von der »Präsidentensuite bis zum Schlafsack« verfügt, bieten die Hotels und die Davy Crockett Ranch im Disneyland Paris Schlafmöglichkeiten zwischen 300 FF für ein Zimmer im Santa Fe in der Nebensaison und 14 500 FF für eine prunkvolle Suite im Disneyland Hotel an.

Ein Hotel gehört zur Kategorie der Luxusklasse (das Disneyland Hotel), eines (das Hotel New York) zur Kategorie »mit erstklassigem Komfort«, zwei weitere in die Kategorie »gehobener Komfort«, die gewiß drei Sterne verdienen (das Newport Bay Club und das Sequoia Lodge), zwei andere können als Economy-Häuser eingruppiert werden (das Cheyenne und das Santa Fe). Naturfreunde ziehen wohl den Charme der Davy Crockett Ranch auf der anderen Seite der Autobahn vor. Dort finden Sie die 498 Bungalows.

Ein weiterer beachtlicher Unterschied im Vergleich zur europäischen Hotellerie besteht dar-

Ein Seebad Neuenglands zu Beginn des Jahrhunderts: das Hotel Newport Bay Club

in, daß Kinder hier höchst willkommen sind. Tatsächlich sind die meisten Zimmer so konzipiert, daß eine vierköpfige Familie (und nicht nur ein kinderloses Paar) unterkommen kann. Für noch größere Familien gibt es Zimmer, die miteinander verbunden sind. Die Bungalows in der Davy Crockett Ranch bieten Platz für sechs Personen. In allen Hotels können Eltern auf einen Babysitter-Service zurückgreifen und ein Gitterbett für Babys bestellen.

Frühstück: Zwar ist es möglich, das Frühstück im Bett einzunehmen, doch regt eigentlich nichts dazu an. Die Hotels sind weitläufig, und ganz offensichtlich zieht die Direktion es vor, daß die Gäste ins Restaurant herunterkommen. Übrigens wäre es auch schade, auf dem Zimmer zu bleiben, denn die Frühstücksbuffets sind wirklich köstlich und reichhaltig, und die *Character Breakfasts* bieten als Bonus den Besuch von Donald, Mary Poppins oder Goofy. Für Kinder ein unvergeßliches Erlebnis.

Mittag- und Abendessen: Jedes Hotel hat ein oder zwei Restaurants. Gibt es zwei, ist in der Regel eines etwas familiärer als das andere, das wiederum eher für ruhige Essen zu zweit geeignet ist. Zwar gibt es weder Halbnoch Vollpension, doch bieten die Restaurants spezielle Menüs für Kinder zu recht vernünftigen Preisen an. Die Öffnungszeiten sind ausgedehnt (Sie finden die Uhrzeiten bei den Beschreibungen der einzelnen Lokale).

Entspannung: Alle Hotels haben einen Salon mit Spielen (sehr angenehm, wenn es regnet) oder eine Spielzone für Kinder.

Cocktailbars, Weinstuben und Cafés laden erwachsene Gäste zur Entspannung bei stimmungsvoller Musik ein.

Sport: Die Hotels (außer dem Cheyenne und dem Santa Fe) verfügen ebenso wie der Bungalowpark über ein Schwimmbad und einen Fitneßclub (Zugang gratis, jedoch nur für Gäste der Hotels bzw. der Davy Crockett Ranch, Mindestalter: 16 Jahre). Die Eisbahn des Hotels New York ist den ganzen Winter in Betrieb und für alle zugänglich. Im Sommer macht es Spaß, mit den *Toobies* — motorisierten Schlauchbooten — (zu mieten in der Marina Del Rey, Festival Disney, 50 FF für 30 Minuten) auf dem acht Hektar großen See herumzudüsen. Auf echte Sportler warten ein Golfplatz (er befindet sich auf halber Strecke zwischen dem Themenpark und der Davy Crockett Ranch) sowie diverse Joggingpfade.

Verkehr: Die Hotels sind untereinander durch eine am See gelegene Promenade verbunden. In der Hochsaison gibt es einen Bus, der um den See fährt.

Parkplätze: Hotelgäste oder Besucher der Davy Crockett Ranch können ihre Fahrzeuge kostenlos auf den dazugehörigen Parkplätzen abstellen. Lediglich der Parkplatz des Disneyland Hotels ist gebührenpflichtig (60 FF pro Nacht, mit Wagenmeister-Service).

Wenn — per Definition — alle Hotels im Disneyland Paris »Traumhotels« sind, gesellt sich im Disneyland Hotel und im Hotel New York zum Traum noch der Luxus: geräumige Zimmer (immerhin 34 und 31 Quadratmeter), raffiniert eingerichtet mit Frisierkommode, Minibar, Minitel, Haartrockner, Safe und Telefon – auch im Bad. Darüber hinaus gibt es natürlich auch alle in großen Hotels üblichen Leistungen.

Diese beiden Hotels verfügen insgesamt über 57 exklusive Suiten und das Disneyland Hotel über einen »Castle Club« (54 Zimmer). In den oberen Etagen (mit eigenem Eingang) gelegen, sind diese Clubzimmer mit einigen Besonderheiten ausgestattet: eigener Salon, kontinentales Frühstück, den ganzen Tag über Getränke und Snacks. Übrigens haben alle Zimmer im Disneyland Hotel einen beeindruckenden Ausblick auf die Main Street.

Die Zimmerpreise der Hotels sind saisonal gestaffelt. Für die

Zur Gedächtnisauffrischung . . .

Cheyenne: Die Hauptstadt von Wyoming, nicht weit von der Grenze nach Colorado, liegt auf der Strecke der Bahnlinie des Union Pacific. Sie ist ein wichtiges Viehhandelszentrum und außerdem die Hauptstadt des Rodeos, woran auch die Nummernschilder in Wyoming erinnern. Die Stadt ist übrigens nach den Cheyenne benannt, Indianer aus der Familie der Algonkin, die im 17. Jh. an den Quellen des Missouri lebten und von den Sioux in den Südwesten vertrieben wurden.

Davy Crockett: David (genannt Davy) Crockett war ein Trapper und berühmter Waldbewohner, aber auch ein Politiker zur Zeit der »Grenze«, was sich besonders im Kampf gegen die Creek-Indianer zeigte, ehe er zur legendären Figur wurde. Er lebte von 1786 bis 1836.

Newport: Im Staat Rhode Island gelegene Stadt im Nordosten der Vereinigten Staaten. Rhode Island bildet mit fünf weiteren Staaten Neuengland. Newport bedeckt eine Insel in der Mündung des Narragansett. Gegründet wurde diese Kolonie 1639 von puritanischen Dissidenten aus dem Nachbarstaat Massachusetts.

Rio Grande: Dieser 2896 Kilometer lange Fluß entspringt in Colorado, fließt quer durch Neu-Mexiko und bildet die Grenze zwischen Mexiko und Texas, ehe er als riesiges Delta in den Golf von Mexiko mündet.

Santa Fe: Die derzeitige Hauptstadt vom Staat Neu-Mexiko mit mehr als 55 000 Einwohnern wurde 1610 von den Spaniern an einem Nebenfluß des Rio Grande gegründet. Die Indianer nahmen die Stadt ein, traten sie aber 1692 wieder den Spaniern ab. Während des Ausbruchs der mexikanischen Revolution 1821 verloren die Spanier die Kontrolle über die Region. Am Ende des Sezessionskrieges lockte die Entdeckung von Silber- und Goldminen zahlreiche Pioniere auf die Hochplateaus zwischen den Canyons. Heute gibt es einige zehntausend Indianer (Navajos, Pueblos, Apachen etc.) hier in Pueblos, die hauptsächlich dank ihrer kunsthandwerklichen Fähigkeiten überleben können.

Wintersaison 1995/96 galt folgender Kalender: Nebensaison vom 5. November bis zum 21. Dezember und vom 8. Januar bis zum 15. Februar, ausgenommen Samstage. Zwischensaison 1. bis 4. November, die Samstage im November und Dezember bis zum 16. Dezember, alle Samstage im Januar sowie der gesamte März mit Ausnahme der Freitage und Samstage. Hochsaison: 22. Dezember bis 7. Januar, die Samstage im Februar, die Freitage und Samstage im März sowie 16. bis 29. Februar.

Disneyland Hotel

Fassaden in sanftem Rosa, achteckige Dächer und Türmchen mit einer Micky-Uhr zieren dieses Märchenhotel. Seine Architektur erinnert an die Paläste in den Seebädern, die zu Beginn des Jahrhunderts im viktorianischen Stil an den sonnigen Küsten der Vereinigten Staaten errichtet wurden. Mit ihren dicken Teppichen, ausgewählten Möbeln und geräumigen Ausmaßen bieten die 479 Zimmer und 21 Suiten (ab 3500 FF, darunter eine Präsidentensuite mit 188 Quadratmetern für 14 500 FF) wirklich fürstlichen Komfort. Das Hotel hat zwei Restaurants: *Inventions (geöffnet 7—11, 12—15 und 18—23 Uhr)*, eingerichtet unter dem Motto technischer Entdeckungen, und den *California Grill (19—23 Uhr geöffnet)*, der ganz im Zeichen der Gastronomie der Westküste steht, die Phantasie und den sicheren Umgang mit natürlichen Zutaten vereint. Im Inventions wird auch ein *Character Breakfast* angeboten

— ein üppiges Frühstücksbuffet, das Disney-Figuren durch ihre Anwesenheit bereichern. Auch das Abendessen findet ohne Aufpreis in Gesellschaft der Disney-Figuren statt. Im *Café Fantasia (geöffnet 7—12 Uhr)*, das ganz im Stil des gleichnamigen Films eingerichtet ist, können Sie ebenfalls frühstücken. In der *Pianobar Main Street Lounge (geöffnet 11—1 Uhr nachts)* sollten Sie hingegen den Aperitif, einen Cocktail oder edle Weine trinken. Für die Pflege der Gesundheit stehen ein Schwimmbad, ein Fitneßclub mit Dampfbad und Solarium (100 FF/30 Min.), Sauna, Massage (250 FF/ 30 Min.) und gesunden Snacks zur Verfügung. *Zimmerpreise: 1650 FF (Neben- und Zwischensaison), 1995 FF (Hauptsaison)*

Hotel New York

Geschäftsleute und internationale Manager wären hier keinesfalls deplaziert: Dies ist Manhattan im Kleinformat. Zwar hat der Wolkenkratzer des Architekten Michael Graves nur acht Etagen, dennoch bietet er einen großartigen Ausblick über den Lake Disney, auf dem Sie bei gutem Wetter eine kleine Spritztour mit den *Toobies* unternehmen können. Die 575 Zimmer und Suiten sind im Stil der dreißiger Jahre eingerichtet. In der Mitte befindet sich als kleiner Verweis auf den Wollman Skating Rink des Central Parks die Rockefeller Plaza — eine Kunsteisbahn im Winter und eine kleine Wasserfläche im Sommer. Eine Big Band aus dem Harlem der dreißiger Jahre spielt im vom New Yorker Cotton Club inspirierten Art-déco-Ambiente des *Manhattan Restaurant (19–23 Uhr geöffnet)* für elegante Paare zum Tanz auf. Dies ist übrigens das einzige Restaurant, in dem Jackett und Krawatte obligatorisch sind — haben Sie keine mitgebracht, können Sie in der Garderobe alles Nötige ausleihen. An manchen Vormittagen *(zwischen 8 und 11 Uhr)* findet hier das *Character Breakfast* unter Beteiligung von Pluto, Goofy, Donald oder Ahörnchen und Behörnchen statt (140 FF pro Person, für Kinder zwischen drei und elf Jahren 95 FF).

Im *Parkside Diner (geöffnet 7–11 und 12–23 Uhr)* geht es ungezwungener zu. Ein Business Breakfast (Café, Croissant, Fruchtsaft) wird in der *New York City Bar* serviert. In dieser Bar, mit Blick auf den Disney-See, sollten Sie abends auch Ihren Schlummertrunk nehmen (bis 1 Uhr morgens).

Für die Gesundheit bietet das Hotel geheizte Schwimmbäder und einen Fitneßclub mit Sauna, Solarium (100 FF/20 Min.), Massage (250 FF/30 Min.), Trainingsgeräten und vitaminreichen Snacks. Auf alle, die ihre Waden noch nicht auf den We-

gen des Magischen Königreiches überstrapaziert haben, warten zwei Tennisplätze (Freiluftplätze mit Beleuchtungsanlage, 100 FF/Std.).

Das New York Coliseum Convention Center, ein 5000 Quadratmeter großes Kongreßcenter, ist gleich nebenan – natürlich mit dem notwendigen und zeitgemäßen technischen Komfort wie Telekommunikation, Sekretariat, Büros und Rezeption. *Zimmerpreise: 1025 FF (Neben-, Zwischen- und Hauptsaison)*

HOTELS MIT GEHOBENEM KOMFORT

Der Newport Bay Club und das Sequoia Lodge liegen am Ufer des Disney-Sees. Zwar sind sie weniger prunkvoll als das Disneyland Hotel und das Hotel New York, deswegen aber nicht weniger komfortabel.

Newport Bay Club
Gepflegte Rasenflächen, Croquet-Spiele, das ruhige Wasser des Sees, eine weiße Veranda mit Schaukelstühlen und Blick auf scharlachroten Ahorn und Eichen: Wir befinden uns in einem Seebad Neuenglands zu Beginn des Jahrhunderts. Das Hotel, geplant von dem New Yorker Architekten Robert Stern, hat 1098 Zimmer und Suiten. Hinter den in sanften Farben gestrichenen Holzfassaden liegen Räume, die zauberhaft nach einem maritimen Thema eingerichtet wurden. In beiden Restaurants des Hotels haben Sie Gelegenheit, die Küche Neuenglands kennenzulernen: im *Cape Cod (geöffnet 7–11, 12.30–14.30 und 17.30–23 Uhr)* und im *Yacht Club (geöffnet*

8–12 und 18.30–22.30 Uhr). Im Cape Cod werden bei eher familiärer und vor Grün strotzender Dekoration frische Meeresfrüchte und Speisen »wie auf dem Lande« angeboten, im Yacht Club konzentriert man sich auf *fruits de mer*. Zwischen 7 und 12 Uhr können Sie hier auch frühstücken, wenn Sie nicht den Stil der Jahrhundertwende im *Fisherman's Wharf* vorziehen, wo von 7 bis 10 Uhr ebenfalls Frühstück serviert wird. Bei Klaviermusik und gemütlichem Kaminfeuer werden Sie dort außerdem bis 1 Uhr morgens mit Fruchtsäften oder Cocktails verwöhnt.

Für die Gesundheit sorgen je ein Frei- und ein Hallenschwimmbad sowie ein Fitneßclub mit Sauna, Dampfbad, Solarium (50 FF/20 Min.), Massagen (250 FF/30 Min.) und vielen frischen Snacks (außerhalb der Saison nicht durchgehend geöffnet). *Zimmerpreise: 625 FF (Nebensaison), 775 FF (Zwischensaison), 895 FF (Hauptsaison)*

Sequoia Lodge
Fassaden aus grauem Stein und dunklem Holz zieren dieses Hotel mit seinen 997 Zimmern und 14 Suiten, das der Pariser Architekt Antoine Grumbach baute. Umgeben von Ahornbäumen, Koniferen, Rhododendren und natürlich Sequoias (Mammutbäume), liegt das sechsgeschossige Hauptgebäude mit fünf kleineren Chalets reizvoll am Ufer des Rio Grande. In ihrer Heimat werden die Sequoias, die rund um das Hotel gepflanzt wurden, mitunter so groß, daß das Holz eines einzigen für den Bau mehrerer Häuser ausreicht.

Kein Zweifel: Wir befinden uns hier in irgendeinem National-park der Rockies. Der Winter-salon mit seinem Kamin, in dem ein knisterndes Feuer brennt, bestätigt das — wie auch die rustikalen, aber sehr wohn-lichen Zimmer.

Abends ziehen die meisten Gäste den *Hunter's Grill (geöffnet 18–24 Uhr)* vor, wo auf einem enormen Grillfeuer diverse Fleischsorten zubereitet werden. Ebenfalls rustikal geht es in der *Redwood Bar and Lounge* zu, wo Sie zwischen Piano und Kamin einen Schluck trinken *(bis 1 Uhr morgens)* oder sich zum Früh-stück treffen *(zwischen 7 und 10.30 Uhr)* können.

Ein wesentlich reichhaltigerer Brunch wird in der *Beaver Creek Tavern (zwischen 7 und 11 Uhr)* ser-viert: eine große Auswahl an Früchten, Salaten, Brot, verschie-denen Eierspeisen und geräu-chertem Lachs auf geröstetem *bagel.* Frühstücken können Sie außerdem im *Hunter's Grill (zwi-schen 7 und 11.30 Uhr).*

Nicht zu kurz kommt auch in der Sequoia Lodge die Gesund-heit: Ein Schwimmbad, das in einem sechsten kleinen Chalet gegenüber dem Rio Grande un-tergebracht ist, sowie ein Fitneß-club mit Trainingsgeräten, Dampfbad, Solarium (50 FF/20 Min.), Sauna und vitaminrei-chen Snacks stehen zur Verfü-gung. *Zimmerpreise: 525 FF (Ne-bensaison), 675 FF (Zwischensai-son), 795 FF (Hauptsaison)*

»ECONOMY«-HOTELS

Die 2000 Zimmer dieser Hotels sind nicht so groß und natürlich nicht so luxuriös wie die der ge-hobenen Preisklassen, gleich-wohl aber sehr komfortabel und gut für eine vierköpfige Familie (für die Kinder gibt es ein Eta-genbett) geeignet. Sie haben zwar keine Klimaanlage, dafür aber einen Ventilator an der Decke, der — wir sind ja nicht in Kalifornien oder Florida — in der Regel ausreicht. Im übrigen sind sie, wie die Zimmer der an-deren Hotels, mit Minibar, Tele-fon und Fernseher ausgestattet. Die beiden Hotels, das Chey-enne und das Santa Fe liegen auf gegenüberliegenden Seiten des Rio Grande. Beide haben zwar weder Schwimmbad noch Fit-neßclub, doch können ihre Gä-ste natürlich den Golfplatz, die Eisbahn und die Joggingpfade der Davy Crockett Ranch benut-zen, wie auch die Diskothek im Festival Disney.

Hotel Cheyenne

Dies ist mit Sicherheit die Unter-kunft, die Kindern am besten ge-fällt. Es ist wirklich ein lustiges Hotel, das mit seinen 1000 Zim-mern in 14 eingeschossigen Ge-bäuden an eine Stadt im Wilden Westen erinnert — aufgepäppelt durch die Hollywood-Macher. Die Fassaden sind himmelblau, rosa oder beige, entlang der Des-perado Street führen lange Holz-trottoirs im Westernstil — vollen-det durch einen beeindrucken-den Galgen. Die Suche nach dem Galgen hielt übrigens das Disney-Team über Monate auf Trab, bis sie ihn schließlich in Deutschland fanden. Als Zeitver-treib für die Kinder wurden ein Fort aus Holz gebaut und eine Koppel mit Planwagen, auf der natürlich »Cowboy und India-ner« gespielt wird. Die Eltern können sich derweil in der Yellow Rose Dance Hall entspannen.

Die Mahlzeiten werden in einem (zweckentfremdeten) Stall serviert: dem *Chuck Wagon Cafe (geöffnet 7—11, 12.30—17 und 17.30—23 Uhr)*. Hier wird vornehmlich für Cowboys geeignetes Essen angeboten. Und was spricht dagegen, den Tag mit einem *Indian Fried Bread* (eine Brötchenscheibe mit Rosinen, die in gequirltes Ei getunkt und fritiert wird) zu beginnen? Es steht aber auch ein eher klassisches Frühstück auf der Karte. Im *Red Garter Saloon (geöffnet 17 bis 1 Uhr morgens)* begleitet natürlich Country-music den geselligen Umtrunk. *Zimmerpreise: 400 FF (Nebensaison), 575 FF (Zwischensaison), 695 FF (Hauptsaison)*

Hotel Santa Fe

Am südlichen Ufer des Rio Grande liegt dieses kleine Dorf mit seinen 42 Pueblos in Farben der trockenen Böden Neu-Mexikos. Vier Pfade schlängeln sich um Yuccapalmen und Kakteen durch diese wüstenartige Landschaft. Unglücklicherweise ist der Grand-Saquaro-Kaktus — so typisch für den Südwesten — aus Plastik. Dies hat aber einen Grund: Die Art ist geschützt, und eine junge Pflanze braucht dreihundert Jahre, bis sie ausgewachsen ist. Außerdem gibt es einen Kinderspielplatz. Die insgesamt 1000 Zimmer sind verziert mit geometrischen Motiven im Stil mexikanischer Handarbeiten.

Das Restaurant *La Cantina (geöffnet 7—15 und 17.30—23 Uhr)* nennt seinen Küchenstil »Tex-Mex«. Dahinter verbergen sich texanische und mexikanische Spezialitäten. Mit seinen lebendigen Farben und bunten Ständen erinnert es an die lebhafte Stimmung auf einem Markt in Neu-Mexiko. Dort wird auch das Frühstück mit Cheddar-Käse, Schinken und Honig, Kompott, frischen Früchten etc. serviert. In der *Rio Grande Bar (geöffnet 17—1 Uhr morgens)* gibt es zu einer Sangria oder einem mexikanischen Bier nette Knabbereien. *Zimmerpreise: 300 FF (Nebensaison), 475 FF (Zwischensaison), 595 FF (Hauptsaison)*

BUNGALOWS

Davy Crockett Ranch

In einem 57 Hektar großen Waldstück angelegt, dürfte die Davy Crockett Ranch all jene anziehen, die sich nach einem Tag in dem Trubel der Zauberwelt nach ländlicher Ruhe sehnen. Die 498 Bungalows (pro Nacht je nach Saison 440 FF bis 770 FF) erinnern an jene Mobilhäuser *(mobile homes)*, mit denen die Amerikaner kreuz und quer durch die Vereinigten Staaten ziehen. Trotz eines nur schwer übersehbaren Siebziger-Jahre-Touchs und des Middle-class-Ambientes der Holzimitationen bieten sie jeden modernen Komfort: Waschmaschine, Mikrowelle, Kühlschrank und eine Küchenzeile mit Backofen und Grill, außerdem natürlich Badezimmer, Telefon und Fernsehgerät. Zimmermädchen machen die Betten (Federdecken), reinigen die Zimmer und bringen die Spülmaschine in Gang. In jedem Bungalow können vier oder sechs Personen (in diesem Fall schlafen zwei Gäste auf Klappbetten im Wohnzimmer) untergebracht werden. Bei den Bungalows stehen Grillplätze und Picknicktische zur Verfügung. Man kann jedoch auch Stellplätze für ein Zelt oder den eigenen Campingbus mieten (300 FF).

Das ganze Gelände ist so weitläufig, daß man den Nachbarn nie zu dicht auf die Pelle rücken muß. Ein kleines Stück weiter wurde eine Art Holzdorf aufgebaut, das alles Notwendige für Unterhaltung und Entspannung bereithält: ein schönes, überdachtes Schwimmbad (das Wasser ist das ganze Jahr über auf 30 Grad geheizt) mit Rutschbahnen und Whirlpools (Eintritt frei), zwei Tennisplätze im Freien (30 FF/Std.), acht Kilometer Waldwege, die zu Fuß oder mit dem Leihfahrrad (40 FF/Tag, Kinder 30 FF/Tag) erkundet werden können, Boule-Bahnen, Volleyball-, Basketball- und Fußballplätze. Für Kinder gibt es außerdem einen Spielplatz, einen Reitclub und einen kleinen Bauernhof mit Jungtieren (Kaninchen, Pferde, Ponys und Gänse). Für alle, die gern tanzen, werden Lektionen in Square Dance angeboten, diesem typisch amerikanischen Gruppentanz. Und auch die Karaokewelle ist inzwischen aus Japan herübergeschwappt. Wer's lieber etwas ruhiger mag, kann im *Saloon Country* eine Partie Billard spielen.

In der Mitte dieses Dorfes der zivilisierten Trapper versorgt Sie ein Geschäft (*Alamo Trading Post*) mit allem, was Sie für ein Barbecue brauchen, sowie mit nützlichen und unnützen Dingen.

Wenn Sie die Picknicks leid sind, besteht die Möglichkeit, sich in *Crockett's Tavern* zu versorgen: Das Selbstbedienungslokal bietet mittags ein großes Buffet.

Für die Mobilität auf dem Gelände der Ranch sorgen kleine Elektroautos, die man mieten kann (80 FF/Std., 160 FF/Tag, verbilligter Tarif bei mehrtägiger Miete) und deren Batterien an jedem Gebäude aufgeladen werden können. Außerdem verbindet ein Bus das Camp mit dem kleinen Dorf. Der Pendelbus braucht für die Strecke vom Themenpark zur Ranch etwa 20 Minuten. *Autobahn A 4, Ausfahrt 14, Richtung Serris-Provins*

Die Pläne bis zur Jahrtausendwende

Der Themenpark Disneyland Paris, die Hotels, das Festival Disney, der Golfplatz und die Davy Crockett Ranch, die 1992 eröffnet wurden, sind nur die erste Entwicklungsphase des Projektes der Disney-Company in Frankreich. Zum Ende des Jahres 96 wird Festival Disney um einen Kinokomplex erweitert werden. Zunächst soll er acht Säle umfassen, zum Abschluß des Vorhabens sollen es 24 sein. Im Jahr 2000 wird das Hotel Newport Bay Club über ein großes Tagungszentrum nach dem Muster des Hotels New York verfügen, um der wachsenden Zahl an Kongressen gerecht zu werden, die im Disneyland Paris zu Gast sind. Was die sonstigen Veränderungen und Erweiterungen betrifft, pst! Das soll eine Überraschung werden . . .

Disneyland-Paris-Kalender

Im Disneyland Paris ist immer etwas los

Als Ort nie endender Geselligkeit kann das Disneyland Paris auch für private Veranstaltungen ein passender Rahmen sein. Der Themenpark ist eine Stätte ununterbrochener Festivitäten, doch werden einige Anlässe besonders gefeiert. Das ist zum Beispiel zu Weihnachten (Christmas Parade) der Fall, aber nicht etwa nur am 24. und 25. Dezember: Die *Parade de Noël* und die *Parade Électrique* stehen von November bis Januar auf dem Programm. Somit können Sie »Ihr« Weihnachten im Disneyland Paris feiern, ohne in den großen Ansturm der Feiertage am Jahresende zu geraten. Das Veranstaltungsprogramm, das in der City Hall gratis ausliegt, gibt einen Überblick über alle Veranstaltungen im Laufe der Woche.

Private Feste

Es ist gar nicht selten, daß Gäste eigens, um ihren Geburtstag

Dornröschens Schloß können Sie zwar nicht für Ihre private Feier mieten — aber eine ganze Reihe anderer Räumlichkeiten stehen für Feste zur Verfügung

oder andere private Ereignisse zu feiern, in den Themenpark reisen. Es gibt zwei Möglichkeiten: Sie wollen mit etwa einem Dutzend Freunden im Park feiern. In diesem Fall genügt es, bei Ihrer Ankunft oder am Vorabend *(Tel. 1/64 74 30 00)* bei Relations Visiteurs Bescheid zu sagen. Die Mitarbeiter schmücken dann für Sie einen Raum oder lassen im Restaurant Ihrer Wahl eine Überraschungstorte auffahren. Kommen Sie aber in den Park, um eine größere Party mit vielen Gästen zu feiern, besteht die Möglichkeit, für einen Abend oder einen Nachmittag ein ganzes Restaurant zu mieten. Das Lokal ist währenddessen natürlich für die Öffentlichkeit nicht zugänglich. In diesem Fall ist es notwendig, rechtzeitig im voraus zu reservieren. Die Preise richten sich nach den gewünschten Leistungen, variieren aber auch je nach Termin Ihres Festes. Einige Hotels haben Säle, die eigens für private Veranstaltungen gedacht sind, etwa die Yellow Rose Dance Hall im Hotel Cheyenne. *Nähere Informationen erhalten sie beim Gruppen-Verkaufsservice unter der Telefonnummer 1/64 74 30 00.*

79

Was unternehmen wir?

Ob Sie Sport treiben, bei Buffalo Bill's Wild West Show mitmachen oder das Nachtleben des Festival Disney genießen wollen — für Langeweile bleibt keine Zeit

Sie möchten Sport treiben oder sich außerhalb des Themenparks amüsieren? Dazu bieten eine Diskothek, ein Westernspektakel, ein Golfplatz und eine Eislaufbahn Möglichkeiten. Ob Pariser oder nicht, Hotelgast oder Durchreisender, man kann auch nur für einen vergnüglichen Abend ins Disneyland Paris kommen, ohne den Themenpark besuchen zu müssen — eigens hierfür wurde das Festival Disney entwickelt. Erbaut von den französischen Architekten Saubot und Julien in Zusammenarbeit mit dem Amerikaner Frank Gehry, der auch das American Center im Park von Bercy entwirft, bedeckt dieses Unterhaltungszentrum zwischen dem TGV-Bahnhof, dem Lake Disney und dem Hotel New York eine Fläche von 18 000 Quadratmetern. Ob man bei Buffalo Bill's Wild West Show mitmacht, im Hurricane's durch die Nacht tanzt, es vorzieht, im Key West

Buffalo Bill's Wild West Show hält die Erinnerung an die Westernlegende am Leben

Seafood ein paar Krebse zu knakken oder in der Sports Bar bei einem Baseball-Match eine Handvoll Erdnüsse knabbert — man kommt vor allem hierher, um einen Tapetenwechsel zu erleben, einen Sprung auf einen anderen Kontinent oder sogar in eine andere Epoche zu wagen. Eine knappe Autostunde, und schon hat man Paris gegen Chicago oder Miami eingetauscht, sein Alltagsleben gegen das eines unter der Wild-West-Sonne gebräunten Cowboys.

BILLY BOB'S COUNTRY WESTERN SALOON

Ein Saloon auf drei Etagen, wie man ihn sich vorstellt, rauchgeschwängert und ganz mit Holz vertäfelt. In den zwei Bars zu ebener Erde finden Sie alles, was es braucht, um die Tex-Mex-Snacks hinunterzuspülen, die Sie sich am Imbißtresen gegenüber des Eingangs ausgesucht haben. Ebenfalls hier tanzt man — wenn die Tische beiseite geschoben sind — zu Musik, die weitaus moderner ist als der äußere Rahmen. Wenn Sie kein Fan des

Tohuwabohus sind, können Sie über die große Holzstiege in die Bierbar im ersten Stock flüchten, der eher eine Art Zwischengeschoß darstellt. Oder sie nehmen Ihren Cocktail von der Bar im ersten Stock mit auf die schmale Galerie im zweiten Stock — von dort haben Sie einen guten Überblick über den bebenden, verrauchten Saal. Nichts für Griesgrame und Trübsalbläser! *Im Festival Disney, neben Buffalo Bill's Wild West Show. Tgl. 18—1 Uhr, Getränke ab 20 FF, Snacks von 30 bis 50 FF*

BUFFALO BILL'S WILD WEST SHOW

Hauptattraktion der Unterhaltungsangebote des Festival Disney ist Buffalo Bill's Wild West Show, ein Spektakel, das die heißesten Phasen der Eroberung des Westens wieder aufleben läßt.

Die Geschichte spielt irgendwo zwischen Kansas, Wyoming und Arizona in der Zeit, als Buffalo Bill berühmt wurde, also in der zweiten Hälfte des 19. Jhs. Die verklärende Nostalgie half, das Drama der Indianer und die fast industrielle Abschlachtung der Bisons zu vergessen, um nur mehr von jenen gesegneten Zeiten zu träumen, in denen man sich nach einem Ritt durch die weiten Ebenen des Westens rund um ein Lagerfeuer friedlich im Abendlicht versammelte.

Auf der Bühne erscheinen an die zehn Cowboys made in Texas und ebenso viele authentische Indianer. Aber auch eine in Europa weniger geläufige Gattung: die Rodeo-Clowns. Und natürlich Tiere: zehn Bisons, zehn Longhorn-Rinder, ein grauer Stier, 24 Pferde . . . und ein Esel. Diese ganze schöne Welt versammelt sich in einer riesigen Arena, umgeben von Rängen, von denen aus mehr als 1000 Zuschauer ihre Mannschaft mit Schreien anfeuern.

Denn die Arena ist aufgeteilt in vier Ranches, die den Namen von vier Staaten der USA tragen. Vor dem Betreten der Arena setzt einer der *Cast Members* jedem Besucher einen Cowboyhut in der Farbe einer Ranch auf. Diese vier Mannschaften begehen dann wahre Heldentaten in diversen Reiterwettkämpfen (Rennen, Rodeonummern etc.) und lassen dabei die Fröhlichkeit der typischen Szenen des Westens wieder aufleben. Longhorns und Bisons durchqueren die Arena in einer riesigen Staubwolke, und auch an Spezialeffekten herrscht kein Mangel.

Die Darbietungen beginnen nicht vor dem Ende des Abendessens. Das Menü steht fest. Man serviert Ihnen Chili, gegrilltes Hühnchen, geräucherte Ribs (Schweinekoteletts), Würstchen, geröstete Maiskolben, Kartoffeln aus dem Ofen und zum Dessert einen heißen *apple cobbler* (gekochte Äpfel in einem gesalzenen Teigmantel) gekrönt von Vanilleeis. Die Getränke (Wasser, Cola oder Bier) sind im Menüpreis enthalten.

Rechts im Festival Disney. Preis des Erlebnis-Dinners: 300 FF für Erwachsene und Kinder ab elf Jahren, 200 FF für Drei- bis Elfjährige. Es gibt zwei Shows pro Abend: Zur ersten geht man gegen 18.30 Uhr, zur zweiten um 21.30 Uhr. Das Spektakel dauert etwa eineinhalb Stunden (da man auf hölzernen Bänken sitzt, werden einige Besucher froh sein, ihr

Das Festival Disney füllt sich, wenn der Themenpark seine Pforten schließt

aufblasbares Kissen nicht vergessen zu haben). Rauchen ist während der ganzen Zeit verboten. Reservierung per Telefon (60 45 71 00), Minitel, bei zahlreichen Reisebüros, in den Hotels des Disneyland Paris oder an Ort und Stelle. Einige Plätze sind für Behinderte reserviert.

DISKOTHEK HURRICANE'S

Wie der Taifun typisch für chinesische Gewässer ist, so sind Hurrikane und Gewitter die meteorologischen Spezialitäten der Antillen in der Karibik. Vermuten wir mal, daß in dieser Diskothek, deren Einrichtung an die Stimmung der Inseln im Süden Floridas erinnert, allein die Musik aus allen Richtungen dröhnt und zum Glück nichts Gefährlicheres als Tanz-Wirbelstürme entfacht!

Der Diskjockey spielt so ziemlich alles, von aktuellen brasilianischen Hits bis zu den Top 50 der sechziger Jahre. Bis zu 750 Personen tanzen zwischen den vier Bars, von denen sich eine auf der Terrasse befindet. Mitunter ersetzen Live-Bands den Diskjockey. *Die Diskothek liegt über dem Key West Restaurant, aber ihr Eingang ist auf der anderen Seite (Aufgang über die Treppe oder mit*

dem Aufzug). Tgl. 23–3 Uhr, der Eintritt für Gäste der Hotels und der Davy Crockett Ranch ist frei, die übrigen zahlen 75 FF. Getränke ab 30 FF

EISLAUFBAHN

Die Eisbahn des Hotel New York ist nur im Winter, dann aber auch für Nichthotelgäste geöffnet. Die 800 Quadratmeter große Fläche wird umgeben von den Bauwerken Michael Graves'.

Im Sommer verwandelt sie sich in ein dekoratives Fleckchen Wasser, genau wie die Eisbahn im Rockefeller Center von Manhattan. *Tgl. ab 14 Uhr, am Wochenende ab 11.30 Uhr, Preis pro »Runde« (jede Runde dauert zwei Stunden, dann wird das Eis aufbereitet): 60 FF für Erwachsene, 40 FF für ein Kind, Schlittschuhmiete inklusive*

GOLF

Der 27-Loch-Golf-Platz wurde von Ronald Fream entworfen und erstreckt sich zwischen dem Hotelbereich und der Davy Crockett Ranch auf 90 Hektar. Die meist recht großen Hindernisse erhöhen den Spaß und die Schwierigkeit. Wie auf den amerikanischen Golfplätzen bewegt man sich hier mit kleinen Elektrowagen *(carts)* vom Fleck. Hungrige Spieler können im Restaurant des Clubhauses wieder zu Kräften kommen.

Der Parcours ist zwar für jeden zugänglich, wenn's eng wird, haben jedoch die Hotelgäste Vorrang. Es wird kein Handicap verlangt. Reservierungen: Tel. 60 45 69 14. Die Preise variieren zwischen 120 FF und 270 FF; es gibt auch Schnupper- und Pauschalangebote.

Von Auskunft bis Warteschlangen

Hier erfahren Sie alles über Öffnungszeiten, Reservierungen, den Besuch mit Kindern oder Haustieren und weitere Leistungen des Disneyland Paris

AUSKUNFT

Disneyland Paris Sales Office
Kölner Straße 10,
65760 Eschborn,
Tel. 06196/595 09
und
Tel. 0130/66 15 (gebührenfrei) oder
0033/1/60 30 60 30

BABYSITTER

In jedem der Disneyland-Paris-Hotels steht ein Babysitter-Service zur Verfügung.

EINLASS – AUSGANG

Vergessen Sie nicht, sich beim Verlassen des Parks einen Stempel geben zu lassen, wenn Sie noch am gleichen Tag wieder hineinmöchten. Sie können sicher sein, daß man Sie nicht mit häßlichen Tätowierungen verunstalten wird: Die Tinte ist unsichtbar und . . . wasserfest!

Zum Vergnügen gehört auch eine Fahrt mit der nostalgischen Pferde-Trambahn

EINTRITTSKARTEN

Wenn Sie eine Tageskarte gekauft haben und doch länger bleiben wollen, können Sie die Tageskarte in eine Dauerkarte (zwei oder drei Tage, auch an nicht aufeinanderfolgenden Tagen) umwandeln lassen. Der Preis ist dann niedriger. Genaue Angaben über die von der jeweiligen Saison abhängigen Angebote finden Sie auf Seite 96.

ERSTE HILFE

Wenn Sie sich verletzen oder andere gesundheitliche Probleme haben, helfen Ihnen die Krankenschwestern weiter. Die Erste-Hilfe-Station (First Aid/Premiers soins) liegt neben dem Plaza Gardens Restaurant im Themenpark. In Notfällen: *Tel. 1/64 74 23 00.* Im Festival Disney wenden Sie sich an die Sports Bar oder an den Disney Store.

FOTOZUBEHÖR

Ihre Filme werden (vom Kodak-Service) innerhalb von ein bis

zwei Stunden entwickelt, wenn Sie sie beim Town Square Photography (Main Street) oder in den Informationsbüros abgeben. Filme, die Sie bei den Geschäften in den Hotels abgeben, werden bis zum Folgetag entwickelt. Verkauft werden Filme in zahlreichen Geschäften, insbesondere natürlich beim Town Square Photography. Allerdings sind Filme in Deutschland wesentlich billiger.

FUNDSACHEN

Neben der Plaza East Boutique. *Tel. 1/64 74 25 00*

GELD

Kreditkarten: Die gängigen Karten (Visa, Carte bleue, Mastercard, Eurocard, American Express etc.) werden überall akzeptiert.
Geldwechsel: Devisen können in der Halle des Billets ebenso wie an den Eingangsschaltern, in der City Hall und in den Informationsbüros umgetauscht werden. Außerhalb des Themenparks: in der Post des Festival Disney, bei Buffalo Bill's Wild West Show und im TGV-Bahnhof.
Schecks: Reiseschecks in französischen Franc, Eurocheques und Bankschecks werden nur bei Vorlage von Ausweispapieren akzeptiert.
Geldautomaten: Automaten der BNP (Banque Nationale de Paris) sind an der Liberty Arcade und an der Discovery Arcade (hinter der Main Street) zu finden. Ein weiterer Geldautomat befindet sich bei der Post im Festival Disney.

GEPÄCKAUFBEWAHRUNG

Bei der Gepäckaufbewahrung in der Nähe des Haupteingangs (rechts von den Schaltern »Relations Visiteurs«) können Sie Jacken und Mäntel oder sperrige Einkäufe abgeben (15 FF pro Tag). Außerdem gibt es im Kellergeschoß des Bahnhofes an der Main Street automatische Schließfächer (10 FF pro Fach).

INFORMATIONSBÜRO

Hostessen und Minitel informieren Sie in diesem Büro über alle touristischen Attraktionen der Île-de-France. Um Ihr Interesse daran zu erhöhen, zieren das Büro diverse Modelle der wichtigsten Bauwerke. *Im Festival Disney, Maison du Tourisme d'Île-de-France et de Seine-et-Marne, Tél. 1/60 43 71 86 und 60 43 33 33*

KINDER-SUCHDIENST

Wenn Sie im Vergnügungspark ein Kind finden, das sich verlaufen hat, geben Sie bitte einem *Cast Member* Bescheid, es wird dann zum Rendez-vous des Enfants Perdus gebracht, das in der Nähe des Plaza Gardens Restaurant liegt. Dort finden Sie gegebenenfalls auch Ihren eigenen Nachwuchs wieder.

KLEINKINDER UND BABYS

Auch wenn der Eintritt für Kinder unter drei Jahren gratis ist — denken Sie beim Besuch des Themenparks mit Ihrem Baby daran, daß einige Vorstellungen (Star Tours, Big Thunder Mountain) für Kinder unter drei Jahren verboten sind. Indiana Jones et le

Temple du Péril ist für Kinder unter acht, Space Mountain für Kinder unter zehn Jahren verboten. Das bedeutet, daß auch Sie diese Attraktionen nicht sehen werden — es sei denn, Sie sind zu mehreren und wechseln sich ab. Schließlich: Die Karussells (Dumbo und Orbitron) und Autopia lassen keine Kinder unter einem Jahr hinein.

Kurz: Alles, was für die Jüngsten geeignet ist, finden Sie in Fantasyland. Die beliebtesten Vorführungen dieser Altersgruppe: It's a Small World, Les Voyages de Pinocchio, Peter Pan's Flight, Schneewittchen und die Sieben Zwerge und Dumbo the Flying Elephant. Hier finden Sie auch die wichtigsten Geschäfte für Kinder. Im Frontierland sollten Sie Ihre Kleinen auch die Tiere der Critter Corral Farm ansehen und streicheln lassen. Fast alle besonderen Serviceangebote für Kleinkinder befinden sich in der Main Street. In der Town Square Terrace werden Kinderwagen verliehen, etwas weiter geradeaus auf der rechten Seite am Ende der Main Street in der Nähe des Plaza Gardens Restaurant ist auch das Baby Care Center (Coin Bébés) untergebracht. Sie können dort Fläschchen zubereiten, die Windeln wechseln oder ungestört Ihren Säugling stillen. Gleich um die Ecke befindet sich auch Lost Children (Rendez-vous des Enfants Perdus), wo freundliche *Cast Members* Ihr Kind abliefern, wenn es sich verlaufen hat.

Was die gastronomischen Paradiese für Kinder betrifft, haben Sie nur die Qual der Wahl: Sie gehen ins Cookie Kitchen, wenn Ihrem Liebling der Sinn nach Keksen steht, ins Fantasia Gelati, um eine Portion köstlicher Eiscreme zu schlecken, oder schlemmen Nudeln und Pizza in der Pizzeria Bella Notte. Ein Paradies für anglophile Kindergaumen ist das Toad Hall Restaurant, wo die beliebten *Fish and Chips* (Fisch und Pommes frites) verkauft werden. Hamburger- und Grillhähnchen-Fans geben sich im Chalet de la Marionnette ein Stelldichein. Nicht vergessen werden sollen schließlich die Liebhaber von weichen Toffees, Marshmallows und anderen süßen Leckereien: Sie werden im Boardwalk Candy Palace (Main Street) und in der Confiserie des Trois Fées (hinter dem Château) verwöhnt. Diese Zuckerpaläste sind absolut unwiderstehlich — wir haben Sie gewarnt!

ÖFFNUNGSZEITEN

Der Park, die Hotels, die Restaurants und die Davy Crockett Ranch sind das ganze Jahr über täglich geöffnet. Die genauen Zeiten sind je nach Saison verschieden. Generell öffnet der Park um 9 Uhr (im Winterhalbjahr um 10 Uhr) und schließt nicht vor 18 Uhr. Die Schließungszeiten gelten für die Attraktionen und Restaurants, die Geschäfte in der Main Street haben wesentlich länger geöffnet. Für die Hotelgäste öffnet der Themenpark seine Pforten schon eine halbe oder eine Stunde früher. An den meisten Wochenenden (außer im Winter) und in der Hochsaison bleibt er sogar bis 23 Uhr geöffnet. Die Geschäfte des Festival Disney sind meistens von 9 bis 24 Uhr, teilweise sogar bis 1 Uhr geöffnet. Richtig belebt wird es im Festival Disney jedoch erst ab 18 Uhr. *Auskünfte: Tel. 1/60 30 60 30*

PARKPLÄTZE

Die Parkplätze der Hotels sind für deren Gäste kostenlos, mit Ausnahme des Disneyland Hotels (60 FF pro Nacht). Wer nur zum Themenpark fährt, zahlt 40 FF für ein Auto, Motorräder zahlen den reduzierten Tarif von 25 FF. Aber Vorsicht: Der Parkplatz ist riesig, er hat über 11 500 Plätze. Merken Sie sich deshalb genau den Namen Ihrer Straße (Pluto, Winnie etc.), den Buchstaben Ihrer Reihe und die Nummern Ihres Platzes (auf den Boden gemalt). Sollten Sie doch einmal alles vergessen haben, wenden Sie sich an ein *Cast Member* und nennen ihm genau die Uhrzeit, zu der Sie gekommen sind. Man kann Ihnen dann wenigstens ungefähr den Bereich verraten, in dem Ihr Wagen vermutlich steht.

Nachdem Sie Ihren Wagen abgestellt haben, betreten Sie die Rollbänder in der Mitte des Parkplatzes: Sie sind überdacht und bringen Sie bequem zum Eingang des Parks.

PICKNICK

Es ist verboten, Lebensmittel und Getränke mit ins Innere des Parks zu nehmen. Dieses Verbot wird auch kontrolliert. Vor den Eintrittsschaltern (in Richtung RER-Bahnhof, linker Hand der Rollbänder) wurden jedoch 150 Picknickplätze installiert. Vergessen Sie beim Rausgehen aber nicht, sich einen Stempel auf die Hand geben zu lassen. Butterbrotfans finden alle Zutaten für zünftige Sandwiches in dem Lebensmittelgeschäft der Davy Crockett Ranch (Alamo Trading Post), zu dem Sie allerdings mit dem Wagen oder dem Bus fahren müssen.

POST

Ein Postschalter befindet sich im Festival Disney. Dort können Sie Ihre Post abschicken und den üblichen postalischen Service in Anspruch nehmen. Briefkästen sind auch im Themenpark aufgestellt. Briefmarken werden in allen Geschäften verkauft.

REISEBÜROS

Zahlreiche europäische Reisebüros bieten einige sehr interessante Pauschalangebote für mehrtägige Reisen ins Disneyland Paris an. Die Angebote schließen normalerweise die Übernachtungen im Hotel (oder auf dem Bungalowpark), Themenpark-Eintrittskarten für zwei oder drei Tage und manchmal auch Ausflüge zu den Sehenswürdigkeiten von Paris ein.

TAXIS

Der Taxistand befindet sich zwischen dem Picknickterrain in der Nähe der Eintrittsschalter und dem TGV-Bahnhof.

TELEFON

Öffentliche Telefonzellen sind über den ganzen Park verteilt, sie funktionieren mit Franc oder französischen Telefonkarten.

TIERE

Haustiere sind auf dem gesamten Gelände des Themenparks wie auch in den Hotels und Restaurants verboten. Die einzige Ausnahme sind Blindenhunde. Wenn Sie also mit Ihren vierbeinigen Freunden ins Disneyland Paris reisen, müssen Sie sie dem Accueil Animaux (Tierhort) anvertrauen, der zwischen dem Besucherparkplatz und dem Eingang zum Park, rechts von den Rollbändern, zu finden ist. Ihre Katze oder Ihr Hund wird dort gefüttert und spazierengeführt. Die Kosten betragen 50 FF pro Tag und 70 FF für 24 Stunden.

VERANSTALTUNGS-PROGRAMM

Einen Faltplan mit der genauen Lage der Attraktionen, Geschäfte und Restaurants des Parks bekommen Sie an der Kasse zusammen mit Ihrem Ausweis. Ein Gratisprogramm, in dem alle besonderen Vorführungen und Veranstaltungen aufgelistet sind, besorgen Sie sich in der City Hall. Sie brauchen es auf jeden Fall, um die Veranstaltungen des Tages und deren genaue Anfangszeiten zu erfahren, die sich häufig ändern.

VERLEIH

Fotoapparate und Videokameras werden in der Main Street im Geschäft Town Square Photography für 50 bzw. 300 FF pro Tag vermietet. Sie müssen eine Kaution hinterlegen.

Stabile Kinderwagen für Kinder zwischen einem und sechs Jahren können auf der Town Square Terrace (30 FF pro Tag plus 20 FF Kaution) ausgeliehen werden.

WARTESCHLANGEN

Einige Veranstaltungen sind besonders beliebt, was mitunter zu langen Warteschlangen führt. In der Regel wird auf Schildern die voraussichtliche Wartezeit angeschlagen oder von einem *Cast Member* bekanntgegeben. Aber der Durchlauf ist flüssig, so daß man selten lange anstehen muß. In jedem Fall sind Animationsprogramme vorgesehen, um Ihnen die Übergangzeit so angenehm wie möglich zu machen. Außerdem ist alles so organisiert, daß es nie zu Gedränge oder Schiebereien kommt. Niemand wird bevorzugt behandelt, hat einen Passierschein oder ähnliche Sonderrechte. Sie werden selbst merken, daß dieses Fair play, an das man in Frankreich sonst wenig gewöhnt ist, den großen Vorteil hat, jeden unnötigen Streß zu vermeiden.

Les Pirouettes du Vieux Moulin: Riesenrad einmal anders

Gut zu wissen

Einige praktische Tips, die Ihnen Ihren Aufenthalt erleichtern sollen

Behinderte

Alle Restaurants, Hotels (insgesamt 110 Zimmer mit Spezialausstattung), Geschäfte, öffentliche Fernsprecher und Toiletten sind behindertengerecht konzipiert. Ein Parkplatz in der Nähe des Disneyland Hotels ist eigens für Behinderte reserviert. Außerdem werden in den Vorstellungen und bei den Paraden eigene Zonen für Rollstuhlfahrer freigehalten. Auch die Führungen sind für alle zugänglich. Allerdings müssen Rollstuhlfahrer bei einigen Darbietungen in ein Auto oder ein Boot gehoben werden. Da die *Cast Members* dazu nicht befugt sind, empfiehlt es sich, in Begleitung zu kommen. Rollstühle können für 30 FF pro Tag in der Town Square Terrace gemietet werden. Walkman-Geräte und Kassettenrecorder stehen für Blinde oder Sehbehinderte zur Verfügung, für Schwerhörige gibt es eine spezielle Telekommunikationsanlage. Außerdem existiert ein Merkheft (»Guide des services spéciaux«), in dem die besonderen Leistungen für Behinderte beschrieben werden. All dies ist in der City Hall erhält-

Die ewigen Stars des Disneyland Paris: Micky und Minni

lich. Fragen, die vor Reiseantritt geklärt werden sollten, richten Sie bitte an die *Relations Visiteurs (Tel. 00331/64 74 30 00)*.

Blitzlichter

Sie dürfen überall filmen und fotografieren. Der Gebrauch von Blitzlichtern jedoch ist im Innern der geschlossenen Veranstaltungsräume nicht erlaubt. Da es dort meistens recht dunkel ist, können Sie, wenn überhaupt, nur mit einem extrem lichtempfindlichen Film arbeiten.

Diät

Alle Speisen (selbst die Hamburger) sind so zubereitet, daß Sie sich keine Sorgen um Ihren Cholesterinspiegel machen müssen. Einige Restaurants bieten auch vegetarische Gerichte an. Sollten Sie ein anderes Problem in bezug auf die Ernährung haben, wenden Sie sich an die *Relations Visiteurs (Tel. 1/64 74 30 00)*. Wenn Sie einige Stunden im voraus danach fragen, stellt man Ihnen auch (tiefgefrorene) koschere Gerichte zur Verfügung.

Gute Kondition

Für einige der Attraktionen (Autopia, Space Mountain, Indiana Jones et le Temple du Péril, Big Thunder Mountain und Star

Beste Besuchszeiten

Die ruhigsten Monate sind November, Januar und Februar (ausgenommen die Wochenenden). Während der Hochsaison bleibt es dienstags und donnerstags ruhiger, natürlich nicht vor oder nach einem Feiertag. Die ruhigeren Zeiten an den Tagen mit Hochbetrieb sind normalerweise gleich nach der Öffnung und kurz vor der Schließung des Parks sowie zur Essenszeit, in den Geschäften frühmorgens, in den Restaurants nach 14 Uhr.

Tours) ist eine gute körperliche Verfassung erforderlich. Auf jeden Fall abzuraten ist ein Gang in diese Spektakel Behinderten, Schwangeren, Herzkranken, Rückenleidenden sowie Menschen, die leicht schwindlig oder seekrank werden. Kinder unter drei Jahren (unter acht bei Indiana Jones, unter zehn bei Space Mountain) dürfen selbst in Begleitung ihrer Eltern nicht in diese Vorstellungen. Kinder, die noch kein Jahr alt sind, haben überdies keinen Zutritt zu Dumbo, Autopia und Orbitron. Unbedingt vermieden werden sollte der unmittelbar aufeinander folgende Besuch mehrerer dieser »zünftigen« Attraktionen. Auch wenn Space Mountain Sie wenig beeindruckt haben sollte, gehen Sie trotzdem nicht gleich zu Star Tours oder gar zu Indiana Jones et le Temple du Péril – machen Sie lieber eine kleine Unterbrechung in einer der Attraktionen von Fantasyland!

Inkognito

Auch ohne Sie um Ihr Einverständnis zu bitten, dürfen die *Cast Members* Filmaufnahmen und Fotos machen. Wenn Sie also unerkannt bleiben wollen, liegt es an Ihnen, darauf zu achten, daß Sie den Filmern nicht vor die Linse geraten.

Kleidung

Achten Sie vor allem auf das richtige Schuhwerk! Sie werden voraussichtlich viele Kilometer zu Fuß gehen – von Schuhen mit hohen Absätzen ist abzuraten. Nehmen Sie außerdem selbst im Sommer ein paar Wollsachen mit – die klimatisierte Luft in den Restaurants und Vorstellungen kann mitunter recht frisch sein. Und vergessen Sie Regenzeug und Schirm nicht – wenn es schön wird, können Sie die Sachen immer noch bei der Gepäckaufbewahrung abgeben. Im Sommer ist es empfehlenswert, Hütchen für die Kinder mitzunehmen (das erspart Ihnen auch, im Notfall eine Pluto-Mütze kaufen zu müssen). Die Besucher werden übrigens gebeten, sich unabhängig von den Wetterverhältnissen dezent zu kleiden, also weder Hemden noch Schuhe auszuziehen.

Rauchen

Während der Vorstellungen (auch in Buffalo Bill's Wild West Show) und im Innern der Attraktionen des Themenparks ist das Rauchen verboten. In den Hotels ist eine große Anzahl von Zimmern für Nichtraucher reserviert. Vergessen Sie daher bei Ihrer Reservierung nicht, anzugeben, ob Sie rauchen oder nicht.

In den Restaurants und Hotels des Festival Disney gibt es außerdem Nichtraucherzonen.

Regenwetter

Dank der überdachten Galerien ist es möglich, auch bei schlechtem Wetter spazierenzugehen, ohne naß zu werden. Die »trockenen« Wege verlaufen an der Main Street hinter den Gebäuden. Auch die Stellen, an denen mit Warteschlangen zu rechnen ist, sind geschützt. Die meisten Attraktionen befinden sich im Inneren von Gebäuden. Natürlich macht ein Besuch bei schlechtem Wetter weniger Spaß — zum Trost ist der Park dafür weniger überlaufen.

Sauberkeit

Es ist äußerst schwierig, im Park eine Zigarettenkippe auf dem Boden zu finden oder gar einen Fetzen Papier. Die Sauberkeit ist ein Teil der Disney-Philosophie. Mit einem enormen Aufwand an Personal wird dafür gesorgt: Ein Bataillon von Arbeitern in rot-weißen Uniformen putzt täglich das Gelände. Es gibt sogar Leute, die mit Handfeger und Schippe hinter den Pferden herlaufen. Hunderte von Papierkörben, deren Design der jeweiligen Umgebung angepaßt wurde, sind außerdem auf dem ganzen Gelände verteilt. Hier auch nur Popcorn fallen zu lassen gilt als Laster.

Wo Sie sich mit Micky und Schneewittchen fotografieren lassen können

Die verkleideten Figuren aus den Disney-Filmen streifen ständig durch den Park und die Hotels. Wenn Sie aber die Begegnung mit ihnen nicht dem Zufall überlassen wollen, sollten Sie die folgenden Orte aufsuchen: In der Main Street, gleich am Eingang, können Sie sich mit Micky und Minni, Donald, Pluto, Goofy, Daisy, Ahörnchen und Behörnchen fotografieren lassen. Bei den *Character Breakfasts* (im Plaza Gardens Restaurant im Themenpark, im Disneyland Hotel oder im Manhattan Restaurant im Hotel New York) treffen Sie Pluto, Ahörnchen und Behörnchen oder Goofy — Micky taucht dort niemals auf. Im Fantasyland begegnen Sie Schneewittchen, Pinocchio, Mary Poppins, Aschenputtel und ihrem Prinzen, die beiden letztgenannten können Sie auch im eigenen Heim, der Auberge de Cendrillon, besuchen. Alice und ihr weißer Hase spielen im Labyrinth Verstecken — meist in Gesellschaft der Herzkönigin und anderer Originale aus Lewis Carrolls Büchern. Auch die Mad Hatter's Tea Party am Ausgang des Labyrinths eignet sich für originelle Fotos. Im Adventureland stoßen Sie beim Gang um die Grotte der Adventure Isle auf Käpt'n Hook und Peter Pan, der auch häufig auf der Galeone Captain Hook's Galley anzutreffen ist. Dort können Sie sich auch von den Hauptfiguren aus dem Dschungelbuch Autogramme geben lassen. Die Helden aus dem Krieg der Sterne, Chewbacca, ZGPO und Ewok, laufen im Discoveryland frei herum. Einige dieser Figuren zeigen sich nur in der Hochsaison.

REGISTER

In diesem Register finden Sie alle Attraktionen, Restaurants und Hotels

Attraktionen

Micky und Minnie sind jeden Tag in der Main Street unterwegs

Was bekomme ich für mein Geld?

 Sie kaufen einen »Ausweis«, der Ihnen den ganzen Tag freien Eintritt zu allen Veranstaltungen des Themenparks gewährt (außer zur Schießhalle): Erwachsene zahlen 150 FF in der Nebensaison und 195 FF in der Hauptsaison, für Kinder zwischen drei und elf betragen die entsprechenden Preise 120 und 150 FF. Außerdem gibt es Tickets für zwei oder drei Tage, die nicht aufeinanderfolgen müssen. 2-Tage-Ticket für Erwachsene: 285 und 370 FF, für Kinder 230 und 285 FF. 3-Tage-Karte Erwachsene: 390 und 505 FF, Kinder 310 und 390 FF. Freilich geben Sie, wenn Sie nicht sehr standhaft sind, wahrscheinlich sehr viel mehr Geld aus. Im Innern des Parks (Stofftiere, Eis, T-Shirts etc.) wie außerhalb. Eine sehr vernünftige Familie mit zwei Kindern wird in der Hochsaison — bei einer Mahlzeit mittags und einer abends sowie ein paar Einkäufen — für einen Tag im Park zwischen 1100 und 1300 FF ausgeben. Für das Frühstück im Disneyland Paris müssen Sie mit etwa 60 FF rechnen, für ein einfaches Essen ebenfalls. An die 150 FF geben Sie pro Person für eine Mahlzeit aus, wenn Sie am Tisch bedient werden möchten. Ihre Rechnung wird sich jedoch schnell auf 300 FF pro Person belaufen, wenn Sie ein festliches Essen in einem der besseren Hotelrestaurants oder im Festival Disney genießen.

DM	FF	FF	DM
1	3,31	1	–,30
2	6,61	5	1,51
3	9,92	10	3,03
4	13,22	20	6,05
5	16,53	30	9,08
10	33,06	40	12,10
20	66,12	50	15,13
25	82,64	75	22,69
30	99,17	100	30,25
40	132,23	200	60,50
50	165,29	300	90,75
75	247,93	400	121,--
100	330,58	500	151,25
200	661,16	600	181,50
250	826,45	700	211,75
300	991,74	800	242,--
500	1.652,80	900	272,25
750	2.479,34	1.000	302,50
1.000	3.305,78	2.500	756,25
2.000	6.611,57	5.000	1.512,50

Sprechen und Verstehen ganz einfach

Zur Erleichterung der Aussprache sind alle französischen Wörter mit einer einfachen Aussprache (in eckigen Klammern) versehen.

AUF EINEN BLICK

Ja./Nein./Vielleicht.	Oui. [ui]/Non. [nong]/Peut-être. [pöhtätr]
Bitte.	S'il vous plaît. [sil wu plä]
Danke.	Merci. [märsi]
Gern geschehen.	De rien. [dö rjäng]
Entschuldigung!	Excusez-moi!/Excuse-moi! [äksküseh mua/äksküs mua]
Wie bitte?	Comment? [komang]
Ich verstehe Sie/dich nicht.	Je ne comprends pas. [schön kongprang pa]
Ich spreche nur wenig …	Je parle un tout petit peu … [schparl äng tu pti pöh]
Können Sie mir bitte helfen?	Vous pouvez m'aider, s.v.p.? [wu puweh mehdeh sil wu plä]
Ich möchte …	J'aimerais … [schämrä]
Das gefällt mir nicht.	Ça ne me plaît pas. [san mö plä pa]
Haben Sie …?	Vous avez …? [wus_aweh]
Wieviel kostet es?	Combien ça coûte? [kongbjäng sa kut]
Wieviel Uhr ist es?	Quelle heure est-il? [käl_ör ät_il]

KENNENLERNEN

Guten Morgen!	Bonjour! [bongschur]
Guten Tag!	Bonjour! [bongschur]
Guten Abend!	Bonsoir! [bongsuar]
Hallo!/Grüß dich!	Salut! [salü]
Wie geht es Ihnen/dir?	Comment allez-vous/vas-tu? [komangt_aleh wu/wa tü]
Danke. Und Ihnen/dir?	Bien, merci. Et vous-même/toi? [bjäng märsi. eh wu mäm/tua]
Auf Wiedersehen!	Au revoir! [oh röwuar]
Tschüß!	Salut! [salü]

Auskunft

links/rechts	à gauche [a gohsch]/à droite [a druat]
geradeaus	tout droit [tu drua]
nah/weit	près [prä]/loin [luäng]
Bitte, wo ist ...?	Pardon, où se trouve ..., s.v.p.? [pardong, us truw ... sil wu plä]
Wie weit ist das?	C'est à combien de kilomètres d'ici? [sät_a kongbjängd kilomätrö disi]

Panne

Ich habe eine Panne.	Je suis en panne. [schö süis_ang pan]
Würden Sie mir bitte einen Abschleppwagen schicken?	Est-ce que vous pouvez m'envoyer une dépanneuse, s.v.p.? [äs_kö wu puweh mangwuajeh ün dehpanöhs sil wu plä]
Wo ist hier in der Nähe eine Werkstatt?	Est-ce qu'il y a un garage près d'ici? [äs_kil_ja äng garasch prä disi]

Tankstelle

Wo ist bitte die nächste Tankstelle?	Pardon, Mme/Mlle/M., où est la station-service la plus proche, s.v.p.? [pardong madam/madmuasäl/mösjöh u ä la stasjong särwis la plü prosch sil wu plä]
Ich möchte … Liter.	… litres, s'il vous plaît. [litrö sil wu plä]
Normalbenzin.	De l'ordinaire. [dö lordinär]
Super.	Du super. [dü süpär]
Diesel.	Du gas-oil. [dü gasual]
bleifrei/mit … Oktan.	Du sans-plomb/… octanes. [dü sang plong/ … oktan]
Volltanken, bitte.	Le plein, s.v.p. [lö pläng sil wu plä]

Unfall

Hilfe!	Au secours! [oh skur], A l'aide! [a läd]
Achtung!	Attention! [atangsjong]
Rufen Sie bitte schnell …	Appelez vite … [apleh wit]
… einen Krankenwagen.	… une ambulance. [ün_angbülangs]
… die Polizei.	… la police. [la polis]
… die Feuerwehr.	… les pompiers. [leh pongpjeh]
Es war meine Schuld.	C'est moi qui suis en tort. [sä mua ki süis_ang tor]
Es war Ihre Schuld.	C'est vous qui êtes en tort. [sä wu ki äts_ang tor]
Geben Sie mir bitte Ihren Namen und Ihre Anschrift.	Vous pouvez me donner votre nom et votre adresse. [wu puweh mö doneh wotrö nong eh wotr_adräs]

SPRACHFÜHRER FRANZÖSISCH

ESSEN

Wo gibt es hier ...
Vous pourriez m'indiquer...
[wu purjeh mängdikeh]

  ... ein gutes Restaurant?
  ... un bon restaurant?
  [äng bong rästorang]

  ... ein nicht zu teures Restaurant?
  ... un restaurant pas trop cher?
  [äng rästorang pa troh schär]

Gibt es hier eine gemütliche Kneipe?
Est-ce qu'il y a un bistrot sympa, dans le coin? [äs_kil_ja äng bistroh sängpa dang lö kuäng]

Reservieren Sie uns bitte für heute abend einen Tisch für 4 Personen.
Je voudrais retenir une table pour ce soir, pour quatre personnes. [schwudrä rötnir ün tablö pur sö suar pur kat pärson]

Auf Ihr Wohl!
A votre santé!/A la vôtre! [a wotr sangteh/a la wohtr]

Bezahlen, bitte.
L'addition, s.v.p. [ladisjong sil wu plä]

Hat es geschmeckt?
C'était bon? [sehtä bong]

Das Essen war ausgezeichnet.
Le repas était excellent. [lö röpa ehtät_äksälang]

ÜBERNACHTUNG

Können Sie mir bitte ... empfehlen?
Pardon, Mme/Mlle/M., vous pourriez m'indiquer ...? [pardong madam/madmuasäl/mösjöh wu purjeh mängdikeh]

  ... ein gutes Hotel
  ... un bon hôtel [äng bon_ohtäl]

  ... eine Pension
  ... une pension de famille [ün pangsjongd famij]

Haben Sie noch ...
Est-ce que vous avez encore ... [äs_kö wus_aweh angkor]

  ... ein Einzelzimmer
  ... une chambre pour une personne [ün schangbr pur ün pärson]

  ... ein Zweibettzimmer
  ... une chambre pour deux personnes [ün schangbr pur döh pärson]

  ... mit Bad?
  ... avec salle de bains? [awäk sal dö bäng]

  ... für eine Nacht?
  ... pour une nuit? [pür ün nüi]

  ... für eine Woche?
  ... pour une semaine? [pur ün sömän]

Was kostet das Zimmer mit ...
Quel est le prix de la chambre, ... [käl_ä lö prid la schangbr]

  ... Frühstück?
  ... petit déjeuner compris? [pti dehschöneh kongpri]

  ... Halbpension?
  ... en demi-pension? [ang dmi pangsjong]

Arzt

Können Sie mir einen guten Arzt empfehlen?

Vous pourriez m'indiquer un bon médecin, s.v.p.? [wu purjeh mängdikeh äng bong mehdsäng sil wu plä]

Ich habe hier Schmerzen.

J'ai mal ici. [schä mal isi]

Bank

Wo ist hier bitte ...

Pardon, je cherche ...
[pardong schö schärsch]

... eine Bank?

... une banque. [ün bangk]

... eine Wechselstube?

... un bureau de change.
[äng büroh schangsch]

Ich möchte ... DM (Schilling, Schweizer Franken) in Francs wechseln.

Je voudrais changer ... marks (schilling, francs suisses) en francs.
[schwudrä schangscheh ... mark (schiling, frang süis) ang frang]

Post

Was kostet ...

Quel est le tarif d'affranchissement ...
[käl_ä lö tarif dafrangschismang]

... ein Brief ...

... des lettres ... [deh lätr]

... eine Postkarte ...

... des cartes postales ...
[deh kart postal]

... nach Deutschland?

... pour l'Allemagne? [pur lalmanj]

Zahlen

0	zéro [sehroh]		19	dix-neuf [disnöf]
1	un [äng]		20	vingt [wäng]
2	deux [döh]		21	vingt et un [wängt_eh äng]
3	trois [trua]		22	vingt-deux [wängt döh]
4	quatre [katr]		30	trente [trangt]
5	cinq [sängk]		40	quarante [karangt]
6	six [sis]		50	cinquante [sängkangt]
7	sept [sät]		60	soixante [suasangt]
8	huit [üit]		70	soixante-dix [suasangt dis]
9	neuf [nöf]		80	quatre-vingts [katrö wäng]
10	dix [dis]		90	quatre-vingt-dix [katrö wäng dis]
11	onze [ongs]		100	cent [sang]
12	douze [dus]		200	deux cents [döh sang]
13	treize [träs]		1000	mille [mil]
14	quatorze [kators]		2000	deux mille [döh mil]
15	quinze [kängs]		10000	dix mille [di mil]
16	seize [säs]			
17	dix-sept [disät]		1/2	un demi [äng dmi]
18	dix-huit [disüit]		1/4	un quart [äng kar]

Carte
Speisekarte

PETIT DEJEUNER	FRÜHSTÜCK
café noir [kafeh nuar]	schwarzer Kaffee
café au lait [kafeh oh lä]	Kaffee mit Milch
décaféiné [dehkafäineh]	koffeinfreier Kaffee
thé au lait/au citron [teh oh lä/oh sitrong]	Tee mit Milch/Zitrone
tisane [tisan]	Kräutertee
chocolat [schokola]	Schokolade
jus de fruit [schüd früi]	Fruchtsaft
œuf mollet [öf molä]	weiches Ei
œufs brouillés [öh brujeh]	Rührei
œufs au plat avec du lard [öh oh pla awäk dü lar]	Eier mit Speck
pain/petits pains/toasts [päng/pti päng/tohst]	Brot/Brötchen/Toast
croissant [kruasang]	Hörnchen
beurre [bör]	Butter
fromage [fromasch]	Käse
charcuterie [scharkütri]	Wurst
jambon [schangbong]	Schinken
miel [mjäl]	Honig
confiture [kongfitür]	Marmelade
yaourt [jaurt]	Joghurt
fruits [früi]	Obst

SOUPES ET HORS-D'ŒUVRES	SUPPEN UND VORSPEISEN
bouillabaisse [bujabäs]	südfranzösische Fischsuppe, scharf gewürzt
soupe à l'oignon [sup a lonjong]	Zwiebelsuppe
soupe de poisson [sup dö puasong]	Fischsuppe
consommé de poulet [kongsomehd pulä]	Hühnersuppe
crudités variées [krüditeh warjeh]	Salatteller
pâté de campagne [patehd kangpanj]	Bauernpastete
pâté de foie [patehd fua]	Leberpastete
salade niçoise [salad nisuas]	grüner Salat, Tomaten, Ei, Käse, Oliven, Thunfisch

VIANDES | FLEISCH

agneau [anjoh]	Lammfleisch
bœuf [böf]	Rindfleisch
mouton [mutong]	Hammelfleisch
porc [por]	Schweinefleisch
veau [woh]	Kalbfleisch
bifteck [biftäk]	Steak
côte de bœuf [koht dö böf]	Rindskotelett
escalope de veau [äskalop dö woh]	Kalbschnitzel
filet de bœuf [filäd böf]	Rinderfilet
foie [fua]	Leber
gigot d'agneau [schigoh danjoh]	Lammkeule
grillades [grijad]	Grillplatte
rognons [ronjong]	Nieren
rôti [roti]	Braten
sauté de veau [sohtehd woh]	Kalbsragout
steak au poivre [stäk_oh puawr]	Pfeffersteak
steak tartare [stäk tartar]	Tatar

VOLAILLES ET GIBIER | GEFLÜGEL UND WILD

canard à l'orange [kanar a lorangsch]	Ente mit Orange
coq au vin [kokoh wäng]	Hahn mit Rotwein
dinde aux marrons [dängd oh marong]	Truthenne mit Kastanien
lapin chasseur [lapäng schasör]	Kaninchen nach Jägerart
poulet rôti [puläng roti]	Brathähnchen

POISSONS, CRUSTACES ET COQUILLAGES | FISCH, SCHALENTIERE UND MUSCHELN

cabillaud [kabijoh]	Kabeljau
calmar frit [kalmar fri]	gebratener Tintenfisch
daurade [dorad]	Goldbrasse
lotte (de mer) [lot (dö mär)]	Seeteufel
loup de mer [lu dö mär]	Seewolf
maquereau [makroh]	Makrele
morue [morü]	Kabeljau, Stockfisch
perche [pärsch]	Barsch
petite friture [pötit fritür]	gebratene kleine Fische
rouget [ruschä]	Rotbarbe
sandre [sangdr]	Zander
sole au gratin [sol oh gratäng]	überbackene Seezunge
truite meunière [trüit möhnjär]	Forelle Müllerin
turbot [türboh]	Steinbutt